JN306643

死角
するカラクリ

岩本沙弓
Iwamoto Sayumi

a pilot of wisdom

はじめに――バブルには死角がある

各方面の利害を代表する政治家がいる以上、政党ごとに対極的な意向があるのは当然である。国民は自分の利益を最大化してくれる政党を選ぶのもまた当然であり、選挙を通じての多数決の結果、国の舵とりが決まっていくのが民主主義、ということになる。

ところが、ある政策について反対と叫んでいた政党が国民の支持を集めて選挙に大勝し、政権を担ったとたんに手の平を返したように賛成するようなことが起きるのだ。民主党が二〇〇九年当時に少なくとも四年間封印とした消費税増税しかり、自民党が公約に掲げていたTPP反対しかり。

じつは既定路線だった、そんなことにも気がつかずその政党を選んだ国民が愚かなのだ、といったような指摘をよく耳にする。政治の劣化は国民の劣化と同じ。だから国民が悪い――。

果たしてそうなのだろうか。

これまでの執筆や講演の場などを通じて、マスメディアが喧伝《けんでん》している日本悲観論には異を唱えてきた。すなわち、日本経済を自虐的に語る人たちがこぞって問題点としてあげる「財政破綻《はたん》」は今の日本には起こるはずがない。

これは個人の願望として語っているのではない。虚心坦懐《たんかい》にデータを読み解けば、日本が世界のなかでもっとも破綻から遠い国であることは明らかであり、国際金融の現場でもそうした位置づけとなっているからだ。ただし、「世界一のお金持ち」でありながら、それを大多数の国民が実感していない、享受できていないという滑稽《こっけい》さがある。

日本の財政状況をはじめ、どうも国民に正確な情報が伝わっていないのではないか。それこそが「失われた二〇年」をまねいた、つまり一部を除いた大多数の国民が疲弊した最大の理由なのではないか。

情報がゆがめられてしまえば、正確な判断をする材料がなくなってしまう。それが果たして一方的に国民の勉強不足や努力不足で片づけられてしまうような類のものなのか。

現在の日米の株価の高騰ぶりを見ると、世界経済はバブルに片足を突っこんでいるような状況だといえるだろう。

しかし歴史が教えるように、バブルは必ず崩壊し、その後に巨大な危機を現出させる。今回足を踏み入れようとしているバブルも例外ではなく、むしろバブルの規模が巨大であればあるほど、その崩壊がまねく危機も巨大になる。

ヒト、モノ、カネがやすやすと国境を越えてしまうグローバル経済のもとでは、日本もまたバブルの災厄に巻きこまれることは避けようがない。おそらく今回バブル化すれば、実体経済を置き去りにしてきたマネー資本主義も最終章となりそうな気配さえ感じられる。

では、「世界一のお金持ち」である日本は、この危機にどう対処していけばいいのか。

景気に明るい兆しが見えてきたからこそ、今一度気を引き締めて、グローバル化を背景に強者が喧伝する主張の波に足を攫《さら》われないように経済の体質改善を図る必要がある。

といっても、ここでいう体質改善とは、悲観論者が対処策としている増税や緊縮財政による財政再建でもなければ、アベノミクスの中核となっている大規模な金融緩和や円安誘導のことでもない。

端的にいうならば、グローバル経済の強者だけを利するようなルールを改訂することだ。日本経済のバランスシートは国際的に見てもきわめて健全な状態をこれまで保ってきた。しかしバランスシートには現れないところで、国民の富が強者に流れてしまうようなルールが日本経済には埋めこまれている。

こうしたルールには、表の顔と裏の顔がある。表の顔は、自身の正当性を聞こえよく語るだろう。しかしその裏には、そのルールから最大限の利益を引きださんとする強欲な相貌が隠されている。一見、中立的に見えるルールであっても、そこには必ず「強者の力の論理」が働いている。

そのことを、国際金融の現場で嫌というほど見せつけられてきた。本書では、日本国民が必死に働いて生みだした富を巧妙に掠《かす》めとっていく様々な「強者のルール」が、いつ、どこで、誰によってつくられたのかという大本の事象や原因を明らかにすることで、そのルールの改訂の必要性を指し示すことに努めた。

バブルには死角がある。ごくごくかぎられた強者が存在する以上、私自身も含めて、われわれ大多数の弱者は弱者であることを意識したうえで知的武装をし、お互いに助け合っていかねばこの難局に対処することはできないだろう。

間違ってもルールの改悪だけは避けねばならない。それはバブルの規模やその後の崩壊のスピードを加速させるだけであり、ともすると表のバランスシートさえも毀損《きそん》することになりかねない。そうなったときこそ、財政破綻論者の言うような危機的状況に日本も陥ることとなろう。

しかし、今ならばまだ豊富な国富と最高の人的資源をもって、きたる資本主義崩壊のステージでもなお繁栄を享受できるような経済構造を確立することが、日本であれば可能なのだ。

日本の国民がまっとうな豊かさを享受するために、どこが障害となっていて、なにをかえていけばいいのか。日本の未来を考える指針として、知的武装のきっかけとして本書を活用していただければ幸いである。

目次

時価会計がきっかけとなった賃金カット／金融ビッグバンに見られるアメリカの影／株主資本主義／時価会計を「国内基準」にしてしまった日本／景気を上下に増幅させる時価会計の罠／本業が赤字でも配当金を配る大企業／配当金の原資となる内部留保の拡大／トリクル・ダウン論のまやかし／バブルがきても賃金は上がらない

第四章　失われた雇用と分配を求めて

景気回復はすれども所得は増えず／労働分配率の低い大企業／雇用の流動化が労働分配率を低下させた／格差の度合いを示す「相対的貧困」／格差が如実な日本の子供／ゆがんだ日本の再分配機能／高齢者優遇が非正規雇用の増加を生んだ／働いた者が賃金を受け取れないシステム／雇用の流動化という誤った処方箋／企業とタッグを組んでしまった労組／日本経済の不調の原因は中間層の没落

第五章　為替介入で流出した国富

第一章　消費税というカラクリ

▼見えざるカラクリ

バブルには死角がある。

この先数年、日本経済がかりそめの景気回復で終わるか、五〇年先一〇〇年先の経済基盤を整えることができるか、今はまさにその瀬戸際にあるといえよう。というのも日本のそこかしこに日本国民が必死に働いて生みだした富を巧妙に掠めとっていく、様々な「強者のルール」が埋めこまれているからだ。

そうした見えざるカラクリのいくつかを本書ではとり上げていくつもりであるが、なかでも、もっとも憂慮している仕掛けが、この章で扱う消費税である。

消費税の存在自体は誰もが知っている。それが国民の富を損なうという危機意識を持つ人も多い。誤解をしないでほしいが、ここで言う「国民の富を損なう」とは、単に税として徴収されるその負担のことを指しているのではない。

国民から集めた税を原資にして執りおこなわれる財政には、社会のインフラを提供するような資源配分や、格差を是正して機会の平等を保障するための所得再配分という重要な機能が組みこまれている。国家の運営に税は不可欠という点に異を唱えるつもりはまったくない。

そうではなく、消費税の内実をつぶさに精査してみると、われわれの負担のうちの少なくない額が、国民に広く配分されることなく別のところに漏れてしまっていることがわかってくる。本来国民に還元されるべきものがほかに流出してしまえば、国民が疲弊するのは当然であろう。そうした不合理なお金の流れをどうしたら、国民のもとに流れるという本来の正当なスキームに戻すことができるのか。

「失われた二〇年」の間は、ひたすら結果に原因を求める議論ばかりがなされていたように思われる。「結果」として発生している経済現象に「原因」を求めても、今われわれが抱えている問題の解決にはなりえない。であるからこそ、解決にむけた知的武装をするためには、問題となっている事象の根本的な原因とその実相を見極める必要があるだろう。

強者によって仕掛けられたカラクリはじつに巧妙で、弱者のわれわれにはその実態がなかなか目につかないようになっている。ここでバブルに踊らされればそういった問題がますます死角に追いやられていく。

ほかにももっと効率的で有効な方法があるのかもしれないが、情報のかぎられたわれわれが原因の本質や核心に迫るため最短・最良の方法は、問題が発生した経緯からその起源を探る作業と考える。それにより客観的な判断も可能になる。

消費税の歴史的な起源をたどると、この税制は日本経済に安定をもたらすどころか、強者を利するために仕掛けられたカラクリであるゆえんを知ることになる。さらに掘り下げていくと、現在のグローバル経済へと帰着する戦後国際金融史にまで議論は広がりを見せる。

▼消費税は「公平」なのか

二〇一二年八月、民主党・自由民主党・公明党の三党合意によって、消費税改正法案が可決され、消費税率は二〇一四年四月から八％、二〇一五年一〇月からは一〇％へと引き上げられることになった。

民主党政権下では、わが国は財政危機にあり、一刻も早い財政再建が必要とされ、それが消費税増税の最大の理由とされてきた。私自身も二〇一二年七月に、消費税引き上げをすべきか否か、参議院の「社会保障と税の一体改革に関する特別委員会」において参考人の一人として話をした経緯がある。委員会の名称が端的に示すように、消費税の引き上げは社会保障の問題と一体であり、財政危機にある以上、この先の社会保障費の確保が困難となっているとされていた。したがって、消費税引き上げはやむなしなのだ、という主張が前提となっていた。

しかし、それは日本の財政に対する国際的な認識とはまったく異なる。たとえば、私が長らく身を置いた国際金融市場の現場では、今も昔も日本の財政がそれほど逼迫《ひっぱく》した状況にあるとは見ていない。世界中のどこにも、日本よりも基礎的な経済力が健全な国など皆目見当たらないのである。あえて言うなら、スイスぐらいであろうか。つまり、世界から見れば日本はもっとも財政破綻から遠い国と思われているわけだ。

そこで、財政危機を理由にした財政再建・社会保障費確保を目的とした消費税増税は、その大前提がそもそもおかしいのではないか、という立場に立った指摘を委員会でも述べた。

結果的には、その主張は聞き入れられず、周知のとおり消費税改正法案は可決されてしまったのではあるが、それが安倍政権になるや否や、財政規律の維持よりも今必要なのは経済成長であり、そのためには財政拡張も大いに結構という状況となった。景気回復を最優先としてなんらかの手を打とうとする政治家、そして政権がようやく登場してきたことは、評価に値することである。財政難が主要メディアなどで取り沙汰《とざた》されることも極端に減った。正しい日本の財政事情が、じょじょにではあるが認知されつつあるのであれば、それ自体は望ましいことではあるが、であるならば、財政破綻の危機を理由として掲げ、財政均衡を目的とした、社会保障費を捻出するための消費税増税は必要なのだろうか。

当の財務省は消費税引き上げの理由として、「特定の者に負担が集中せず、高齢者を含めて国民全体で広く負担する税であること」と「所得税や法人税にくらべて消費税は税収が安定しており、経済動向に左右されにくく安定的に確保できること」のふたつをあげている。

この公平性と安定性というふたつの理由は、果たして正しいのかどうか。

じつはどちらの理由にも、残念ながら大きな虚偽が含まれていると言わざるをえない。

▼なぜ経団連は消費税増税を歓迎するのか

消費税のカラクリに気づくきっかけとなったのは、消費税増税に賛成する財界の反応だった。

多くの人々にとって、消費税の増税は願い下げのはずである。モノを買うたびに今まで以上の税金がかかるとなれば、当然のことながら消費者の購買意欲は減退する。

日本経済全体にとっても大きなブレーキになるというのは、多くの経済評論家やエコノミストたちも認めるところであり、景気を冷やす作用のある消費税のさらなる引き上げへの反対の理由となっているのは言うまでもない。

ところが、財政均衡が至上命題である財務省のほかにも諸手《もろて》を上げて、消費税増税を歓迎している集団がある。経団連や経済同友会などの財界だ。

たとえば、経団連は「平成二五年度税制改正に関する提言」で次のように述べている。

「社会保障給付費の財源として、消費税が望ましいことは繰り返すまでもない。消費税は、資本形成を阻害せず、企業の国際競争力やわが国の経済成長に関して中立的な税であり、税収の安定性や世代間負担の公平性という面においても、他の税目に比べ優れている。さらに、賃金に対して直接の負担を求める社会保険料に比べても、雇用の創出に中立的である。二〇二〇年代半ばまでに、消費税率を一〇％台後半まで引き上げることは避けられない」

もっともらしい文章ではあるが、こうした主張を経済団体がするのはじつに奇異に映る。ただでさえデフレ下で需要が縮小している、つまりデフレ下で国民全体の購買意欲が減退しているような状態では、消費税増税がさらにその購買意欲を縮小させてしまう恐れがあるからだ。

モノやサービスを売ってそれを消費してもらうことで収益を上げる企業が、消費を減退させることに直結する消費税増税を、なぜここまで擁護し、税率引き上げに積極的になるのか。

第二次世界大戦終了直後の古い話ではあるが、一九四九年九月にいわゆる「シャウプ勧告」[*1]（第一次）の本文が発表されたときのことだ。この勧告は課税の公平性を最大限配慮し、間接税の不平等を訴えたうえで、より平等な直接税での課税を中核に据えていたものだが、[*2]当時の経済団体連合会（経団連）、関西経済連合会、日本商工会議所などの経済団体が、間接税の廃止を訴える「シャウプ勧告」の意義、税制改革の必要性を大いに認めている記録が残っている。[*3]なかでもとくに当時の代表的な間接税であった取引高税、物品税、織物消費税などについての廃止や見直しへの要求が多く寄せられていた。[*4]

たとえば、日本商工会議所の「税制改正に関する意見書」では「取引高税は明年度予算六四六〇億円以内の場合、これを廃止することを勧告しているが、本税が悪税たるの本質に鑑《かんが》み、万難を排してこれが廃止を断行すること」としている。

無条件の廃止の訴えが象徴しているように、当時の日本の財界が間接税の廃止を強く望んでいた様子がうかがえるのである。消費税引き上げを望む現状とはまったく違っているのだ。

こうした間接税反対などの意見書や要望は、最近の経団連の提言にくらべ、企業としてしごくまっとうなことを述べていると言えよう。ではなぜ、一八〇度も違うことを現在の経団連は発言するようになったのか。

経済団体としては、たとえ経済合理性に見合わなくても、法人税増税を避けるため、消費税を先に上げてもらったほうがいい、という目論見なのかとも考えた。しかし、消費税について国内外の文献を調べ、識者の見解をうかがっていくうちに、じょじょにではあるが判明してきた事実があった。

それは端的にいえば、消費税とはすなわち、輸出企業にとっての「打ち出の小槌《こづち》」だという点に尽きるだろう。

▼輸出還付金は「打ち出の小槌《こづち》」

その打ち出の小槌とは、税制度上では「輸出還付金」と呼ばれるものである。

輸出企業は、輸出販売をすると還付金が戻ってくる仕組みになっている。

政府や財務省の説明では「輸出還付金」が認められる理由は以下のようになる。企業がモノを輸出し販売しても、当然のことながら、海外の消費者から日本の税制のさだめる消費税をもらうことはできない。

一方で、そうした企業は製品を仕上げるにあたって原料や部品を購入する際に、国内の下請け企業などに消費税を支払っているという建前になっている。

消費税というのは、製造、卸売、小売といった各段階の取引に対する課税を最終消費者が負担する税制であるから、そのままでは輸出企業は消費税を国内の下請け会社に払うばかりで、海外にいる最終消費者から消費税分を受け取る手段がない。

輸出企業が製品を輸出した際に発生する売上には、国内の下請け会社から部品などを仕入れる際に支払った消費税が含まれているはずである。そこで輸出企業が国内で支払ったとされる分の税金を国が還付するというわけである。

これだけ聞くと、ごくごくまっとうな制度に聞こえるが、この輸出還付金のどこに問題が隠れているのだろうか。

ここで税制の専門家である、元静岡大学教授の湖東《ことう》京至《きようじ》氏の試算をご紹介しよう。

まず、二〇一二年度の国の予算書によれば、輸出還付金の総額は二兆五〇〇〇億円にものぼっている。それだけの額が国から輸出企業に還付される予定があると見込まれていたということだ。

そして、輸出還付金総額の約半分にあたる一兆二〇〇〇億円ほどが、日本の輸出企業の上位二〇社に還付されているというのが湖東氏の試算である。

この上位二〇社は、ご想像どおり、ほとんどが経団連に加盟している大企業である。

現在の消費税による国の収入は約一〇兆円である。本来ならば、この一〇兆円に輸出還付金二・五兆円を加えた一二・五兆円が全消費税の歳入ということになる。

しかし、現状の消費税の税収一〇兆円のおよそ四分の一にもあたる金額が、輸出企業に還付されている状態となっているのだ。

もし二〇一五年に、予定どおり消費税率が現在の二倍の一〇%に引き上げられたらどうなるか。単純に考えて、この輸出還付金の額はおそらく二倍近くになるだろう。これは輸出額に大きな変化がないなど、簡略化した計算ではあるとしても、輸出企業に国から還付される金額が、五兆円という巨額に膨れ上がることが予想される。

▼消費税税収が輸出大企業に還付される悪循環

消費税の税率が一〇%にまで上がったときに、この輸出還付金がわれわれ一般庶民にとってどういう意味を持つのか、さらに考えてみたい。

一九八九年に消費税が導入され、その税率が三%から五%に引き上げられた一九九七年に、消費税による歳入は六・一兆円から九・三兆円と増加したが、以降消費税の歳入はほぼ一〇兆円で推移している。

消費税導入、消費税率引き上げによって財政が再建されたかといえば、そのようなことはまったくなかったのだ。むしろ、法人税や所得税などの直接税が引き下げられたことによって、財政は悪化の一途をたどってきている。

もし今後法人税が引き下げられるようなことになれば、企業は法人税軽減のもとで、五兆円に倍増した輸出還付金を受け取ることになるのである。

過去の経緯に鑑みれば、消費税率引き上げが国の歳入増につながる可能性はきわめて低く、歳入が減るなかで、輸出企業への還付金の額だけがひたすら増えていくという不可思議な事態となる。そして、財政健全化が図れるわけではないので、日本には永遠に財政難がつきまとうことになる。

本来国民が再分配によって受け取るはずの富であるにもかかわらず、企業が受け取る還付金の額だけが増える。財政再建のための消費税引き上げだったにもかかわらず歳入全体の減少のために、社会保障費には回されずに、消費税を引き上げれば引き上げるほど輸出企業に還付金が大量に流れるという悪循環から、このままでは抜けだせなくなってしまうのだ。

このようなゆがんだ消費税と輸出還付金のあり方について、「公平」で「中立」だと経団連は主張している。

最近の経団連の提言がなにを意味しているのか。輸出還付金の存在にスポットライトをあてると、その本意が透けて見えてくるのではなかろうか。

▼税務署が赤字を計上するという怪

輸出還付金がこのように輸出大企業にとって過分に有利であることを指摘する議論に対して、企業側はたいてい次のように反駁《はんばく》する。「自分たちは輸出還付金を受け取っているけれども、その分、仕入れ先には正当な消費税を払っているから、単純に相殺されるだけだ」と。

つまり、還付金は、消費税を払った分が戻ってきただけなので、輸出大企業のメリットにはならない、というものだ。本当にそうだろうか。

そうした疑問を生じさせる事例のひとつが「税務署の赤字」の存在である。税を徴収する税務署がなぜ赤字を計上するのか、疑問に思われることだろう。

先述の湖東氏は、所轄地域に輸出大企業が存在している税務署の課税状況についても国税局発表の資料により調査をしており、輸出還付金額の上位二〇社に入っているような巨大企業を管内に置く税務署は、軒並み消費税収が赤字となっていることをつきとめている。とある税務署は消費税収が一〇〇〇億円を超える赤字になっているが、これは税収としての受け取りよりも還付金の支払いが大幅に上回っているためである。

問題は、大企業が下請けにきちんと消費税分を払っているかということである。下請け会社は税務署ではないため、権力をもって消費税分の金額を大企業から徴収することができない。それどころか、大企業に価格支配権を握られているため、円高や海外の競争相手などを理由に消費税分を値切れと言われれば、そうせざるをえず、それが下請け企業の収益の圧迫となっているのである。

消費税は言うなれば、一年の決算を終えた段階で一年間の付加価値（企業が新たに生み出した価値。売上からその売上を達成するために調達した商品やサービスの金額を差し引いた金額）に対して事業者にかかってくる税金である。利益ではなく付加価値に課税される税金であるということは経営者にとっては非常に厳しい。つまり、たとえ利益が上がっていなくても納税しなければならないのが、消費税なのである。そもそも消費税は、法的には価格への転嫁が保証されていないものである。消費税法には、価格への転嫁の義務も権利も規定されていないために、消費税分は価格に埋没してしまう、というのが実態だ。こうした厳しい状況のなかで集められた税金が、巨大企業へと輸出還付金という形で渡っている。そのことが赤字の税務署の存在から浮き彫りになってくるのである。

▼医療サービスと異なる輸出大企業優遇制度

消費税が輸出大企業優遇制度であることは、医療サービス部門への課税とくらべると、さらにはっきりする。

医療サービスのうち、社会保険の診療報酬は非課税、すなわち消費税はかからないとされている。つまり、どんな病院であっても患者側から消費税をとることはできないため、税務署に消費税を納付する必要はない。

その一方で、医療機関は、医療機器、薬剤、脱脂綿などの消耗品、備品等、診療をおこなうために必要なものの仕入れにおいて消費税を負担している。しかし、その分を上乗せした治療費を患者側に請求することはできない。ここまでは、輸出企業が仕入れの段階では消費税を支払っているとしたうえで、輸出製品に消費税をかけない仕組みとよくにている。

しかし、輸出企業には仕入れに含まれているとされる消費税が還付されるのに対して、医療機関に還付金はない。一方的に仕入れ金額に含まれている消費税分を負担するだけだ。知り合いの医師などにも聞いてみたが、五％であればまだしも、一〇％となれば負担は相当になるという。

これでは業界によって還付がされるかされないかの差があり、きわめて不公平である。そこで、日本医師会では、政府に対して軽減税率、とりわけゼロ税率課税を要望している。*5

私自身は、そもそも消費税という制度を疑問視しているので、消費税を前提とした特定業界を優遇するような軽減税率には賛同しかねるが、輸出企業優遇という不公平な実態に対するアナウンスメント効果という点ではこうした声を評価したい。

▼中小企業は消費税を価格に転嫁できていない

輸出還付金だけをとってみても、消費税はまったく公平な税と言えない。

政府も財界も、消費税は最終的には消費者が負担するものだから「特定の者に負担の集中しない公平な税」なのだと主張するが、実態とは大きく乖離《かいり》している。

もし消費税の負担者が消費者であるとすれば、消費税は消費者が購入する段階で商品やサービスの価格に上乗せすればいいことだ。たとえば消費税三%のときは税込一〇三円だった商品を、税率五%に引き上げられた段階では一〇五円で販売すれば、形式的には消費税分を価格に転嫁できたことになる。

しかし、現実には多くの事業者が消費税を価格に転嫁できていない。前述のとおり、大企業に値切られ、過酷な価格競争に巻きこまれ、自腹を切るような形で消費税分を負担している中小企業が非常に多い。

国立国会図書館財政金融課の加藤慶一氏は、消費税の価格転嫁の実態について論考を発表している。そのなかで、通商産業省（当時）が、一九八九年の消費税の導入時と、一九九七年の税率引き上げ時に実施したアンケート調査の結果をまとめている（図1）。

　このアンケート調査は、一九八九年の消費税導入直後とその一年後に、さらに一九九七年に税率を五％に上げた直後とその一年後に、消費税を価格に転嫁できているかどうかを事業者に尋ねたものである。

　それを見ると、小売業者やサービス業者については、いずれの時点でも、事業の規模が小さくなるほど消費税を価格に転嫁しづらくなっているということがわかる。

　たとえば資本金三〇〇〇万円以下の小売業者を見ると、一九八九年の消費税導入時で三九・九％、その一年後でも五一・四％がほとんど転嫁できていないか、ある程度の転嫁にとどまっていることがわかる。一九九七年の消費税引き上げ時とその一年後でも、すべて価格に転嫁できているのは三割前後にとどまっている。

　また、小売業者、サービス業者の全体を見た場合、一九八九年の消費税導入時点では、おおむね転嫁できている比率がそれぞれ七三・〇％と六一・六％だったにもかかわらず、一九九七年の引き上げ時になると、おおむね転嫁できた業者の比率がそれぞれ六三・三％

と五六・〇％と低下しているのも非常に気になるところである。すなわち、消費税の税率が高くなればなるほど、価格には転嫁しにくい状況が生まれているといえよう。

また、消費税の滞納率を見ても価格転嫁ができていない状況が読みとれる。国税庁の統計を見ると、新規に発生する滞納された税額のなかでの消費税の割合は約五〇％を占めている。国税には様々な税があるが、なかでも歳入の比率が高いのは所得税、法人税、消費税である。

国税収入の全体を見た場合、そのうち消費税の比率は二五％程度である（平成二五年度予算案）。税収額としては全体の二五％しか占めていないのにもかかわらず、滞納額では五割を占めるという事実は、消費税の制度的欠陥を端的に表しているというのが湖東氏の指摘でもある。しかしながら、こうした事実はなかなか明るみに出てこないため、一般にはあまり知られていない。

▼輸出還付金のために導入された付加価値税

さて、ここでもうひとつ疑問が浮かんでくる。日本の消費税や海外の付加価値税に、な

図1　消費税導入時および税率引き上げ時の価格への転嫁状況

消費税導入時（1989年）						
区分		調査時点	価格への転嫁の程度			不明
			おおむね転嫁	ある程度転嫁	ほとんど転嫁せず	
製造業者		1989年	98.6	0.4	—	1.0
		1990年	99.7	0.3	—	—
卸売業者		1989年	96.6	1.1	1.3	1.0
		1990年	99.2	0.4	0.4	—
小売業者	全体	1989年	73.0	10.0	16.6	0.4
		1990年	78.6	9.7	11.5	0.3
	5億円超	1989年	84.8	5.2	9.4	0.6
		1990年	96.3	0.5	2.6	0.6
	5億円以下3000万円超	1989年	73.0	10.8	15.8	0.4
		1990年	84.7	9.6	5.7	0.1
	3000万円以下	1989年	60.0	14.0	25.9	0.1
		1990年	48.2	19.3	32.1	0.3
サービス業者	全体	1989年	61.6	7.3	29.5	1.6
		1990年	60.1	7.9	31.6	0.5
	5億円超	1989年	75.8	5.4	17.8	1.0
		1990年	79.7	4.6	15.3	0.3
	5億円以下3000万円超	1989年	61.4	9.0	29.6	—
		1990年	56.0	10.3	33.4	0.3
	3000万円以下	1989年	14.9	8.5	68.1	8.5
		1990年	26.7	8.9	63.0	1.5

税率引き上げ時（1997年）						
区分		調査時点	税率引き上げ分の転嫁の程度			不明
			すべて転嫁	ほぼ転嫁（ほとんど転嫁）	転嫁せず	
製造業者		1997年	95.1	2.4	2.3	0.2
		1998年	97.3	1.1	1.6	0.0
卸売業者		1997年	92.2	5.2	2.1	0.5
		1998年	94.3	4.7	0.8	0.2
小売業者	全体	1997年	63.3	21.1	12.4	3.2
		1998年	66.2	20.6	10.7	2.5
	2億円超	1997年	84.0	8.3	4.5	3.2
		1998年	87.3	6.7	2.9	3.2
	2億円以下3000万円超	1997年	60.6	28.4	8.3	2.7
		1998年	61.9	29.0	7.5	1.6
	3000万円以下	1997年	29.2	34.0	33.0	3.8
		1998年	36.5	32.8	28.3	2.4
サービス業者	全体	1997年	56.0	13.4	28.4	2.2
		1998年	58.9	10.8	29.5	0.8
	2億円超	1997年	63.4	11.8	23.0	1.9
		1998年	64.2	9.3	25.2	1.3
	2億円以下3000万円超	1997年	49.3	17.8	31.5	1.4
		1998年	55.9	13.6	30.5	0.0
	3000万円以下	1997年	35.3	11.8	47.1	5.9
		1998年	38.7	12.9	48.4	0.0

出典：加藤慶一「消費税の転嫁に関する議論」（「調査と情報」〈国会図書館〉759号、2012年）

ぜ輸出還付金という制度が内蔵されているのか。

結論から先に言うならば、欧州で付加価値税がここまで普及した背景には、輸出企業への補助金としての役割が最初から期待されてのことだった様子が、歴史的経緯からうかがえるのである。

消費税は国民からまんべんなく徴収できる、安定した財源となる税制だからこそ採用されてきた、という既成概念を持つ日本人は、輸出還付金のための税制であると指摘されても、おそらく即座に納得はしないだろう。考え違いではないのか、あるいは消費税増税反対の意識が高じたあまり、反対のための理由をつくりだそうとしているのではなかろうか、と受け取られるかもしれない。

輸出還付金の存在をまずは確認して、どうやらそれが輸出企業への多大なるメリットらしい、というのはわかったとしても、それだけでは政府の財源確保という目的よりも、消費税が輸出企業への還付金目的のものであるとする十分な証拠とはなりえないだろう。

そこで論拠を求め、国内外の資料を検索したところ、数十年前のアメリカの公文書や議会報告書にたどり着いた。そのなかでは、アメリカと欧州の間で、「輸出」をめぐる熾烈《しれつ》な攻防が繰り広げられていた。その内実を見れば、消費税の正体が輸出企業への還付金目的であることが明らかとなろう。

▼輸出還付金の起源

付加価値税（日本の消費税）の歴史的な経緯を見ると、嗜好品《しこうひん》などの特定の商品にかける間接税を除いて、現在の付加価値税の起源は意外に最近のものである。実際に制度として最初に導入したのはフランスである。一九五四年のことだ。

その六年前にさかのぼろう。一九四八年に、自由貿易を推進するＧＡＴＴ（関税と貿易に関する一般協定）が発足すると、各国が個別に採用してきた自国の輸出企業への補助金などは基本的に協定違反となった。

たとえば、戦後復興のためにフランス政府は輸出を伸ばそうとルノーなどの輸出企業に補助金を出していたが、それは協定違反となったのだ。

そこで、一九六〇年になってフランスはＧＡＴＴに「ある文言」をすべりこませることに成功した。輸出品として国境をまたぐモノの税に関して、直接税での「調整」は認めないが、生産→卸売→小売といった段階を踏んだ間接税での「調整」ならば認めようというものだった。

つまり、貿易競争において自国の企業を優位にさせるために法人税を引き下げるような調整は認めないが、国内で段階的に徴収された間接税の調整ならば、国内での資材調達で重複課税となるのを防ぐことになるので調整してもよい、という解釈だ。

そして、この調整には、GATTが採用する「消費地課税の原則」も一枚噛《か》んでいる。海外から入ってきた輸入品には自国の税制をもとに課税し、輸出品については税を免除するという原則である。消費地課税主義にもとづいて輸出に関して税を免除したうえで、国内での間接税分を「調整」してよいとなれば、生産→卸売→小売の各段階でいったん徴収した税金を、輸出企業に還付することができるようになる。

前述した日本の輸出大企業が受け取っている輸出還付金はこのようにして始まった。日本だけではなく、GATTで間接税での調整が認められて以来、各国は自国の輸出が優位になるよう、とくに間接税である付加価値税導入を積極的におこなってきたのだ。

▼付加価値税を採用しないアメリカ

ところが先進国のなかで唯一、付加価値税を採用していない国がある。それがアメリカだ。アメリカにだって消費税はあるではないかと言われることが多いのだが、アメリカが採用しているのは、商品購入者（消費者）が払う小売売上税である。

アメリカが付加価値税を採用していないことは、日本の財務省のホームページに掲載されている付加価値税率（標準税率）の国際比較のグラフ（図2）を見ればわかる。ここにアメリカの税率がなぜ掲載されていないのか。じつはグラフの欄外の備考に「アメリカは、州、郡、市により小売売上税が課されている（例：ニューヨーク州及びニューヨーク市の合計八・八七五%）」と記載されている。

あたかもアメリカの付加価値税は州ごとによって違いがあるがゆえにこのグラフに、掲載しにくいようなイメージを抱くかもしれないが、ポイントは小売売上税であるという点である。付加価値税ではないので、この表に入れこむことができないのだ。

付加価値税と小売売上税は、一般の消費者の立場からすれば、同じ税率であれば同じ金額を払うがゆえに、その違いを意識することはないが、まったくもって似て非なるものだ。

図2　付加価値税率（標準税率）**の国際比較**
（財務省のホームページより一部抜粋）

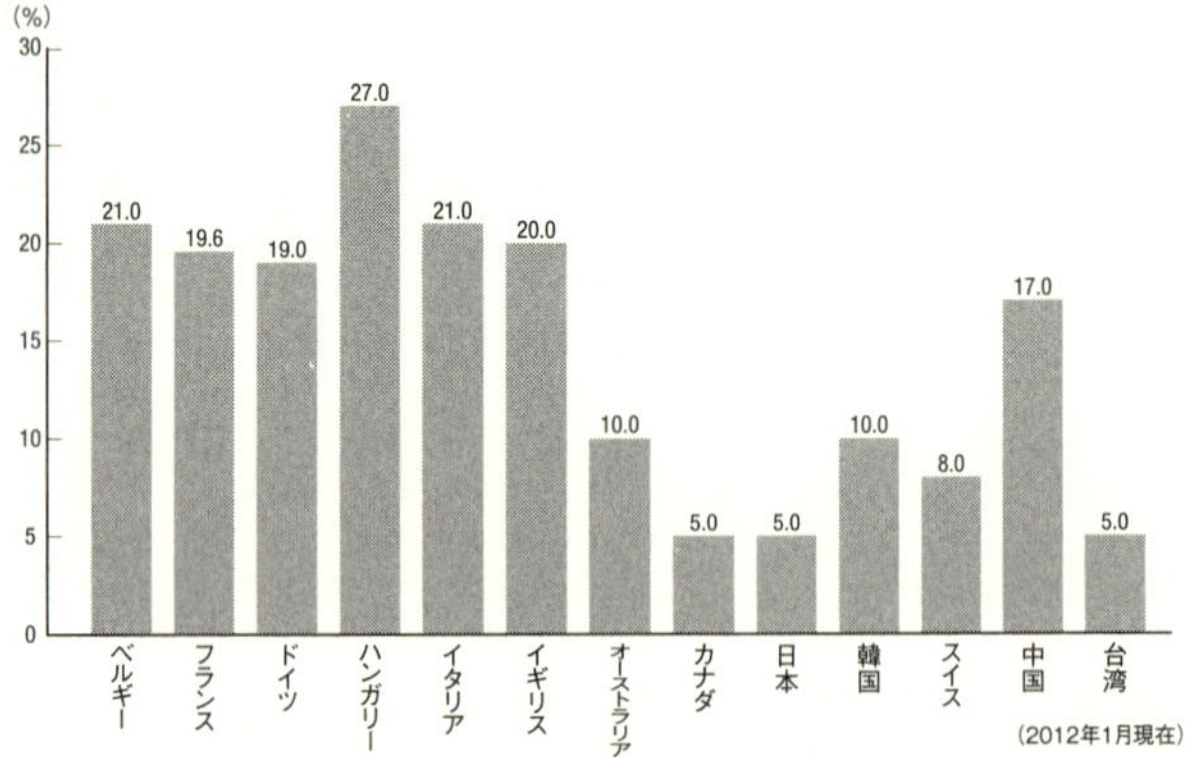

（備考）アメリカは、州、郡、市により小売売上税が課されている（例:ニューヨーク州及びニューヨーク市の合計 8.875%）
（出所）各国大使館聞き取り調査、欧州連合及び各国政府ホームページ等による。

アメリカの小売売上税の場合には、商品やサービスを提供する者が、購入者（消費者）から売上税を徴収し、州や地方自治体の当局に申告し納税する、これで完結である。仕入れ段階での消費税を控除するといった作業が生産→製造→卸売→小売の各ステージで発生する、日本の消費税や欧州の付加価値税とは異なる。

企業が税金を還付してもらうということは、一度支払った税金を戻してもらうことを意味する。したがって、いずれかの段階で消費税や付加価値税を払っていなければ、還付の受けようがない。

逆説的にいえば、日本の消費税や欧州の付

加価値税のように、生産から小売までの各段階で税が課せられることこそが、輸出企業が還付金を受け取る口実になっているのである。[*6]

▼還付金を目的とした間接税の存在

では、たとえば付加価値税を導入している欧州から、導入していないアメリカへ、製品を輸出すると、どのようなことが起きるだろうか。

アメリカへ輸出する欧州企業のほとんどに、自国政府によって付加価値税分とされる還付金（＝補助金）が出されている。そのため、欧州の輸出企業は還付金分だけ自社製品の価格を抑えることができる。したがって、欧州の付加価値税の税率が高くなればなるほど、そうした製品と競合するアメリカの企業は還付金をもらっていない分、非常に不利な立場に立たされる。

次に、アメリカのA社が欧州に製品を輸出した際の置かれた状況を考えてみよう。欧州にA社の製品が輸出され、欧州の消費者がそれを購入すれば、「消費地課税の原則」によってEUの付加価値税（約二〇％）が課せられる。また、アメリカの小売売上税は国内で段階的に徴収された間接税ではないため、A社は輸出還付金を得ることはできない。

逆に欧州のE社からアメリカへ製品が輸出される場合には、付加価値税分（二〇％）がE社へと還付されるわけであるから極端な話、アメリカのA社は欧州のE社にくらべて、価格競争力では二〇％＋二〇％＝四〇％もの差がついてしまうのだ。

▼なぜアメリカは「影の補助金」を認めたのか

これほどまでに影響の大きい間接税の「調整」、つまり輸出還付金つきの付加価値税の「調整」をフランスがGATTに織りこむことを、なぜアメリカは認めたのだろうか。

その理由として考えられるのは、当時、付加価値税制度を採用していたのがごく少数の国々で、のちのちの影響を低く受けとめていた可能性がある、という点があげられる。付加価値税制度は今や一四〇カ国以上に普及しているが、大々的に輸出還付金として利用されることになるとは当時のアメリカは想像していなかったのだろう。

さらに人道的見地や覇権国としての義務感から、ということも考えられる。第二次世界大戦では、フランスはドイツとともに戦場となったために国土が荒廃し、生産設備も破壊され、戦後の輸出額は低迷していた。一方、アメリカは戦争特需に沸く世界の工場であり、輸出大国として君臨していた。

一九六〇年までのフランスといえば輸出弱小国であり、[*7] 少しばかりの輸出還付金をつけたところでとくに問題はなかろうとアメリカが過小評価していた部分と、そして戦争で荒廃した欧州の経済的な支援をしていく必要性を考えていた部分があるだろう。

▼一九七〇年代に激化したアメリカと欧州の攻防

しかし、一九七〇年代にもなると様相はかわってくる。さきほどアメリカ企業と「影の補助金」を受け取る欧州企業の例をあげたが、実際に、一九七五年のアメリカの公文書をひもとくと、「アメリカの鉄鋼輸入についての相殺関税の請願書に対する欧州委員会の反応」[*8] という文書が残っている。

欧州の企業は輸出用の鉄鋼に対して自国から「影の補助金」を受け取っている。そこで、欧州製の鉄鋼がアメリカへと輸出される際には、その「影の補助金」相当の関税を欧州製の製鉄に課することをアメリカ政府に求める請願書が、アメリカのＵＳスチール社から提出された。それに対する欧州の反応について、アメリカ政府高官によって記録されたのが左の公文書である。

「輸出品への付加価値税免除についてUSスチール社が不満を訴えている鉄鋼取引に関してだが、そのような間接税免除はGATTによって明確に許可されていると、欧州委員会は記憶している」

つまり欧州委員会側は、輸出に対する付加価値税の免除はGATTが認めていることだと強調しており、その根拠がさきほど説明した「国内で段階的に徴収された間接税ならば還付は可能」だとする付加価値税の解釈なのである。

もちろんアメリカとて、付加価値税を利用した欧州の輸出攻勢に手をこまねいていたわけではない。たとえば、アメリカでは一九七一年にDISC（輸出専門会社）制度というものが立法化されている。これは、アメリカで生産された製品の輸出によって所得を得る内国法人に対して、輸出所得分の税負担を軽減する制度である。

欧州の付加価値税とアメリカのＤＩＳＣ制度。双方の批判合戦は、一九七三年の米公文書「七月三〇日のＧＡＴＴ理事会にむけてＤＩＳＣについて述べるべき声明」に記録として残っている。[*9]

これは、ＤＩＳＣ制度はＧＡＴＴ違反だとする欧州委員会からの提訴に対して、アメリカが反論を試みたものだ。

一九七三年といえばＧＡＴＴ東京ラウンドがあった年である。東京ラウンドにおいては、アメリカのＤＩＳＣ制度、そしてフランス、ベルギーおよびオランダの税制について、輸出補助金の疑いがあるとして「専門家パネルによる検討が行われるなど自由貿易体制の維持に努めている」といった内容がわが国の外務省の記録にもある。[*10]

先の公文書のなかで、アメリカは欧州委員会に対して、ベルギー、フランス、オランダの税慣習をとり上げて反論している。ＤＩＳＣ制度をＧＡＴＴ違反とするならば、欧州各国の輸出に関する税制度の慣例こそ再考されるべきだというスタンスだ。そこで、同じ会議でアメリカは、欧州委員会によるアメリカへの提訴も、ベルギー、フランス、オランダの税慣習に対するアメリカの提訴も、ともに実質的には輸出企業に直接補助金を渡しているようなものだとして、直接税の範疇《はんちゅう》ということにして、直接税が輸出におよぼす影響をＧＡＴＴの作業部会では考慮するべきと示唆した。

つまり、フランスなどの税慣習が間接税として扱われているからこそ欧州各国の輸出企業は当たり前のように還付を受けているが、その税慣習が直接税とみなされれば欧州委員会こそがＧＡＴＴ違反ではないか、とアメリカは主張しているわけである。直接税の議論に持ちこもうとするあたりは強引のようにも思えるが、実質的な影響を踏まえたうえでの外交の駆け引きである。

また、一九七六年のアメリカの公文書[*11]には、アメリカのＤＩＳＣ制度が輸出補助金にあたるとする欧州委員会に対して、やはりフランス、ベルギー、オランダが採用している税慣習によって輸出企業が受ける補助金の額にくらべればたいしたことはない、などとした記述も残っている。

こうした公文書を読んであらためて認識するのは、アメリカと欧州の間では輸出企業への補助金の問題が長年つきまとっているということだ。アメリカの言い分からすればＤＩＳＣ制度は、そもそも欧州の付加価値税による輸出企業への法外な補助金への対抗措置にすぎないというわけだ。

輸出補助金をめぐるアメリカと欧州の歴史的な攻防を見れば、輸出還付金というものが付加価値税の中核的な意味を持つことも理解いただけるのではなかろうか。消費税が還付金目的の税制であるがゆえに、欧州とアメリカ間において、国際的な貿易摩擦を長きにわたり引き起こしてきた。そして、それによってマグマのように鬱積《うっせき》していったアメリカの不満を示すような証拠が、数十年前のアメリカの公文書に少なからず残っていたわけだ。

しかし、付加価値税のインパクトはアメリカと欧州の貿易摩擦だけで済む話ではない。戦後の国際金融史の激動は、この付加価値税の誕生が下地となったといっても過言ではなさそうだ、という事例もまた残っているのである。

▼アメリカのじくじたる思い

経済大国としての優位感と他国への配慮から、輸出還付金つきの付加価値税を認めたことに関して、慚愧《ざんき》に堪えないアメリカの様子が、一九七〇年一二月のアメリカ上院の財政委員会が作成した報告書からもうかがえる。

「アメリカは一九四七年当時一〇〇億ドルの貿易黒字があり、アメリカ側の交渉担当者の（交渉に臨む際の）姿勢に影響があったに違いなかった。

しかし、一九六〇年に『直接税』での還付は禁止したまま、その一方で輸出補助金の禁止の一般原則から、いわゆる『間接税』の還付を除外することで引き起こされる結果について、重大性を認識し損なったことは大いなる失敗であった。そのとき以来、アメリカは深刻な国際収支の悪化に陥らざるをえなくなってしまった」[*12]

フランス中央銀行に残るデータを見ると、一九四七年当時のフランスの貿易収支は二・六億ユーロ（約一四・五億ドル）の赤字となっているので、いかにアメリカの貿易の規模が大きいか、そして圧倒的な黒字を叩《たた》きだしていたかがわかる。

アメリカの一九六〇年のGATTでの譲歩にいささかも遠慮することなく、欧州は付加価値税の導入後も、その税率を上げることに余念がなかった。フランスは導入時の一九五四年に一七・六％[*13]だったものを一九・六％に（一時的に二〇％台だった時期もある）、ドイツは導入時の一九六八年に一〇％だったものを一九％に引き上げている。税率が上がれば上がるほど、還付金の額も上がるわけであるから、アメリカにとっては、とくにアメリカの製造業にとっては大変な脅威となっていったのは間違いない。

前述の上院の財政委員会の報告書では、還付金つきの間接税を認めて以降、西欧は「繁栄した第三勢力」になったと指摘している。

実際のところ、アメリカは一九四七年当時の一〇〇億ドルの貿易黒字国から、一九六〇年代前半には五〇億ドルを切るようになり、その後も縮小傾向は止まらず一九七〇年代以降は赤字傾向となり、一九八〇年代なかごろには、とうとう債権大国から対外債務国へと転落するという状況にまで至る。

そして、今でもその状態にかわりはない。その代わりに台頭してきたのがフランスであり、ドイツであり、日本であったわけだが、深刻なアメリカの貿易収支の悪化、ひいては国際収支の悪化をもたらしたのは、じつはこの間接税と直接税の扱いの違いであるということを、先の財政委員会の記録は指し示しているのである。

アメリカの貿易収支、国際収支の悪化はすなわち、アメリカからの金の流出へとつながる。

一九七一年に金とドルの兌換《だかん》を停止したニクソン・ショックの背景にはアメリカの国際収支の悪化のためにアメリカからの金の流出が止まらなかったことがあげられる。一連の各国の付加価値税導入の経緯、公文書や報告書などの資料を見ると、じつはこの還付金ありきの「間接税」の存在こそが、じつは世界の通貨システムをも一変させた原因のひとつであったのではないか、そんな思いが頭をもたげるのである。

▼付加価値税がニクソン・ショックを引き起こした？

ここで、戦後の世界経済を揺るがすターニング・ポイントであったニクソン・ショックを思いだしていただければと思う。一九七一年のニクソン・ショックによって金とドルの兌換は停止したわけであるが、これは有史以来続いてきた通貨と現物資産との関係を断絶させたという意味で、人類史上において大変大きな事件であった。

ニクソン・ショックの背景には、当時施行されていた金本位制のもとで、アメリカから金がひたすら海外へ流出していったという状況がある。なぜ金が流出したのかといえば、アメリカの製品を海外で販売する以上に、海外の製品をアメリカが大量に輸入したからにほかならない。

とくに欧州のドイツ、フランスへはアメリカから大変な量の金が一九六〇年代に流出していった。すなわち、輸出競争において、ドイツとフランスはアメリカを凌駕《りょうが》していたわけである。

なぜこの時期、ドイツとフランスの輸出が強くなりえたのか。

もちろん、戦後の復興需要があり、市場のニーズに合わせた製品開発に余念がなかったなど、マクロ・ミクロの要因が複合的に存在しているにせよ、アメリカに「大いなる失敗」と言わしめた付加価値税による輸出企業への還付金の存在がなによりも大きかったのではなかろうか。

一九五〇年代から一九六〇年代にかけて、とりわけ一九六〇年代は、対仏貿易や対独貿易でアメリカは大きな赤字を背負った。その結果としてアメリカからの金の流出があり、その延長線上に、これ以上の金の流出を防ぐための金とドルの兌換を停止するニクソン・ショックがある。付加価値税の導入↓アメリカの貿易収支の悪化↓アメリカの金の流出↓

図3　各国公的機関の金保有量

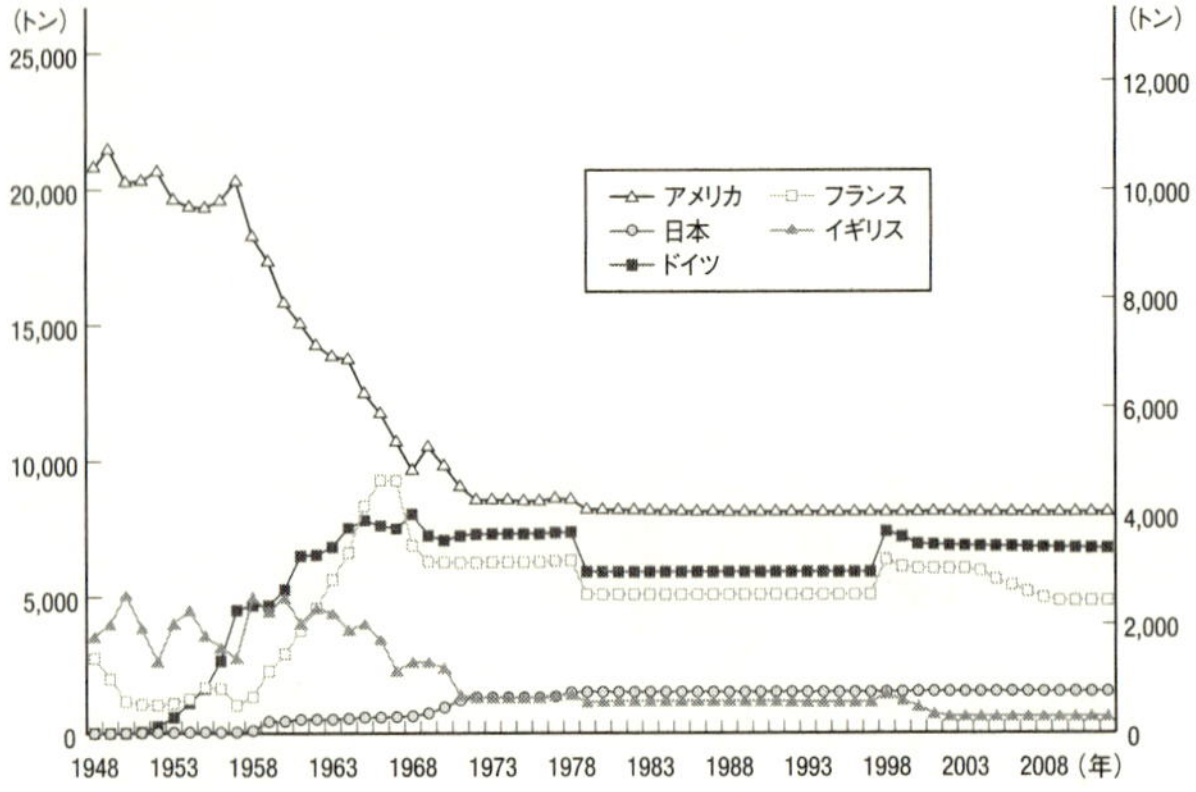

アメリカは左の目盛、それ以外は右の目盛　　出典:ワールド ゴールド カウンシル

ニクソン・ショックによる金兌換停止と一本の線がつながってくる。

そこで、あらためて金の保有量の変化を見てみよう（図3）。

第二次世界大戦直後、世界全体で金の保有量は約三万トンあったといわれている。一九四〇年代はそのうちの二万トンがアメリカに集中していた。それが戦後の二〇年間で大幅に減っていき、その代わりにドイツやフランスの保有量が増加していくのである。

アメリカがこの流れを押しとどめるためには、極論ではあるが、輸出還付金つきの付加価値税の廃止を各国に迫るか、金本位制を停止させるか、どちらかの選択肢しかなかった。

しかし、先に見たように、還付金の扱いについてはＧＡＴＴも絡み、欧州の抵抗も激しく一筋縄ではいかない。協定で間接税での還付金が認められていることを〝お墨つき〟にして、各国も先を争うように付加価値税の導入を進め、一方的に自国の付加価値税を上げることだけに執心する。還付金を輸出企業に配ることで、自国の輸出企業を優遇し、ひたすら輸出競争力を伸ばすことだけに各国が執着している。このため、アメリカとしては妥協点も見いだせない。還付金つき間接税を禁止することが難しい状況のなかで、最後に残された強硬手段として、金本位制停止という実力行使に踏み切ったのではなかろうか。

輸出に躍起になっていたのは、なにもフランス、ドイツだけではない。日本にしてみても、消費税の採用こそしてはいなかったものの、長らく一ドル＝三六〇円という固定された為替レートによって、輸出を飛躍的に伸ばしてきた経緯がある。一九八〇年代、アメリカが対外債務国に転じたとき、代わりに債権大国となってのし上がっていったのはほかでもない日本である。

大蔵省財政史室編の『昭和財政史』でも、この三六〇円という為替レートは戦争直後の日本の経済力を考えてもかなり円安水準、すなわち日本の輸出にとって有利な水準で設定がされていたとの論調が感じられる。

また、たとえば先に触れた「シャウプ勧告」においても、日本で月給約一万円の者は、アメリカの月給二五〇～三〇〇ドルの者と大体同じ程度の仕事をしている、としている。もちろん単純比較ができないのは重々承知してのうえのことではあるが、一万円＝二五〇ドルとなる為替レートは一ドル＝四〇円である。

「シャウプ勧告」がだされたのは一九四九年九月、調査団が日本に滞在し調査をしたのは一九四九年の四月から九月。太平洋戦争突入直前の一九四一年時点で一ドル＝四円程度、敗戦直後の一九四五年九月の軍用交換相場が一ドル＝一五円だった。その後のインフレによって円は暴落したが、そのインフレも数年で収まったことを踏まえれば、一九四九年に決まった一ドル＝三六〇円というのは、たしかに実態よりもかなり円安水準だったのではないかと推測できる。

円安水準での固定レートをアメリカが認めたのも、フランスやドイツなどへの気遣い同様、戦後の日本の復興のため、円安による輸出促進をという配慮からであろう。やがて国力が備わった将来のある時点では、過度の円安水準の為替レートを調整しようと日本も言いだすに違いない、そんな期待感がアメリカにはあったのではないか。

ところが、いつになってもそんな気配は相手国側には一向に見受けられない。それどころか敗戦国の日本は円安の為替水準をよいことに、戦場となった西欧は間接税の存在をよいことに、自国の輸出振興にひたすら邁進《まいしん》するのみ。業を煮やしたアメリカがとりえた攻撃が金本位制の停止であった、そんな側面も垣間《かいま》見えるようなのである。

▼輸出企業優遇策が中間層を没落させた

その後、アメリカは変動相場制のもとでドルを切り下げ、アメリカ製造業の後押しを図る。

なぜ、ドルの強引な切り下げをドイツやフランスは容認せざるをえなかったのか。ニクソン・ショック当時の、各国の中央銀行や大蔵省の関係者の苛立《いらだ》つ様子は元日本銀行総裁の速水《はやみ》優氏の回顧録*14からもわかる。それでもなお、還付金ありきの間接税の妙味を一方的に享受してきた代償が回ってきたと思えば、独仏もアメリカによる通貨制度の変更を容認せざるをえない、と考えたのかもしれない。

あるいは、為替市場でドルの価値が下がり、アメリカの製造業に輸出競争力がついても、独仏としてはまた付加価値税を引き上げればよいと皮算用したとも考えられる。欧州の付加価値税が一切下がることがなく、ひたすら引き上げられてきた背景にはこうした要因があるのではなかろうか。

なにもここで、付加価値税による欧州の輸出攻勢に押されたがゆえに、アメリカの通貨制度変更はやむをえなかったと、アメリカの擁護をしているわけではない。たとえば立命館大学の中村雅秀名誉教授は、論説「合衆国輸出促進税制とFSC（外国貿易法人）・ETI（域外所得）控除制度」[*15]のなかにおいて、「アメリカ合衆国は歴史的に一貫して輸出優遇税制を導入してきた」としている。先述のDISC制度しかり、さかのぼれば一九一八年からアメリカの輸出優遇策を確認できるという。最近では外国貿易法人や利子課税内国輸出法人の優遇税制、さらには域外所得免税制度などがあげられる。

こうした措置がある以上、アメリカとて自国の輸出企業を支援してきたことを否定するつもりはあるまい。ただ、各国の自国輸出企業への過度の優遇策が結局は付加価値税や消費税のような不公平税制を生み、さらには国際通貨の混乱までまねいている側面があるのではないのかという点を指摘しておきたい。

すなわち、輸出企業の専横なる振舞いを各国政府が認めてきたことがじつは世界経済の混乱や不公平の起因となっているのではないか。輸出企業の儲《もう》けを自国民に還元してくれるのであれば別だが、ひたすら自社の利益だけを追求すれば、そういった企業や、そこで働く数少ない従業員にはメリットがあるとしても、圧倒的多数を占めるその他多くの世界中の中間層や低所得者層はひたすらその煽《あお》りを受けるだけである。

行きすぎた輸出企業への優遇策といったところに、世界的な中間層の没落の原因もまたあるのではないか。世界の消費税の歴史を通じてそんな考察ができるのである。

▼日本経済の首を絞める消費税増税

このように、消費税が大企業優遇、所得上位層優遇のシステムになっているのであれば、トリクル・ダウン効果[*16]など期待できるはずもない。むしろその逆で、広く浅く国民全体から集めたお金を特定企業に渡してしまうわけであるから、所得中位層、下位層の負担は拡大し続けてしまっている。

ノーベル賞も受賞している経済学者ジョセフ・スティグリッツは、大企業が政府と結託して、自分たちに都合のよいルールや仕組みをつくり、公共セクターから超過利潤（レント）を搾りとることを「レント・シーキング（rent seeking）」と呼んでいる。

大多数の国民にむけては、「増税しなければ、社会保障費がパンクする」「日本の消費税は国際的に非常に低い」と言い募り、消費税増税がやむをえないような空気を醸成する。その一方で、増税分から輸出企業に大きな富が分け与えられているのであれば、消費税増税こそ、レント・シーキングの典型的な例であるといえるのではないだろうか。

ここで誤解なきよう申し上げるが、私自身は輸出大企業やその他の大企業の存在そのものを否定しているわけではまったくない。これからもぜひ日本企業には大いに活躍し、収益を上げてもらいたいと思っている。そして、日本国民の雇用を確保し、生活の基盤を整える社会的な役割を担っていただきたいと考えている。

日本という国は、これまで大企業中心で回ってきた。大企業が人を雇い、さらに国内の中小零細の下請け会社に注文をだすことで、経済の血流をよくしてきた結果、戦後目覚ましい経済成長を遂げてきた。そのなかで、輸出企業をはじめとする大企業への優遇策がとられてきたのも、大企業が日本人の雇用を確保し、国内の経済を循環させてくれるような役割を果たしてきた、という経緯があるからであろう。

内需中心の政策から貿易主義に転換した一九五〇年代、産業や貿易構造の高度化を図るとともに、輸出企業の課税所得から輸出額の一定割合を控除する輸出所得控除などが採用された。[*17]一九六〇年代に入ると、通産省の重要基本方針として輸出振興が一層推進されるようになっていった。たとえば、一九六四年から一九七一年まで、通産省が輸出貢献企業を認定していたように、輸出こそが社会貢献という意味合いがあったのだ。

このような優遇措置が採用されていたのは、企業に日本全体を豊かにするための原動力という役割が期待されていたからだ。「すべては国民とその生活の向上のために」という気概を持った、かつての企業家や財界人が指揮するような企業であれば、法人税率の引き下げや消費税導入による輸出還付金の意味もある。

ただ、ここ十数年は「大企業優遇」という部分だけが残って、雇用の拡大、賃金の支払い、下請け会社への利益配分といった、日本全体にあったはずのスキームが壊れてしまった。それがまさに、日本経済の低迷をもたらしている最大の原因なのではないか。

雇用にも下請け業者保護にも貢献しない輸出還付金であれば、それは国から大企業への不当なボーナスとなる。これまでどおり大企業を優遇するのであれば、雇用や下請け業者を守るような制度を構築すべきであろうし、それができないのであれば、輸出還付金目的の消費税などは撤廃、法人税による優遇も正すべきであろう。

企業への優遇策にしても、補助金にしても、それはすべて「塩梅」や全体との「バランス」の問題ではなかろうか。日本全体が上手く機能するために、経済が上手く回っていくようにするためにはどうしたらよいのか。

グローバルな市場で競合する企業には多少なりとも優遇を与え、その企業が国内で雇用の場を提供し、雇用者の所得や社会保険を保障する。そこには正規雇用者だけではなく、非正規雇用者やパート労働者の所得を増やすことも含まれる。そうやって広く国民の所得が増えていけば、確実に景気も上向き、それが企業収益へと結びついていく。そうした循環がでてくることが日本経済にとってベストなシナリオなのではないか。

企業側自身もグローバル競争に徹しなければ生き残れないという脅迫的観念にあまりにも囚われているのではないだろうか。日本は内需中心の国である以上、国内の消費・経済活動を活発にすれば、応分の収益も期待できるはずだ。なにも内向きになれと言っているわけではないし、ここまでグローバル化した経済のなかで日本だけが鎖国することなどは到底無理である。やはりここでもポイントは「塩梅」であろう。グローバル化の度合いについてそろそろ考えるべきときに差し掛かっているのではなかろうか、ということである。

企業への優遇策であれば、消費税のような「隠れ蓑」を使わず、正々堂々と企業が利用できる制度としたほうが、それこそフェアであり、結局は企業にとっても国民の多くにとっても満足を得る結果になろう。

そして、一部企業の優遇策によって疲弊しているのは日本だけではない。日本以上に高税率を付加価値税で課せられている一四〇カ国あまりの国民が、多かれ少なかれ隠れた補助金である輸出還付金のしわ寄せを受けた状態になっているわけだ。非常にスケールの大きな話ではあるが、経済大国である日本が、たとえば還付金ありきの税制を見直す、そういった意見をアメリカと連携しながら世界に向けて提案することも今ならばできよう。

そういう意味において、現在おこなわれようとしている消費税増税には、優遇策とセットであったはずの、輸出企業の利益によって国民の所得をいかに増やすか、という視点が依然として欠落している。一部の大企業「優遇」も、実質的なそして実態に見合った国民所得の増加も見直しをしないまま、消費税引き上げだけにむけ進んでいるという点を憂慮すべきだろう。

財源確保のため最終消費者から徴収をしたいならば、同じ間接税でも消費税ではなくアメリカのような小売売上税でよいわけで、是が非でも消費税とこだわる理由はない。なぜ小売売上税ではなく消費税なのかということについては、今後国民全体を巻きこんでの議論とすべきであろう。そして新政権には、一般国民の所得が増えるような、あるいは少なくとも不景気下で所得を奪わないような税制度、経済対策をしていただきたい。

どの国でも一般国民の経済的な幸福の最大化の延長線上に、本当の豊かさがあるはずだ。しかし、このままバブル化した経済が続けば、一時的にすぎない景気好転だとしても、消費税改正法がいう税率引き上げの条件、「経済状況の好転」だとされてしまう。一〇％という引き上げは、社会により一層の格差と経済的ダメージをもたらすことは間違いない。

バブルの死角がここにもある。

第二章　税制の裏に見え隠れするアメリカ

▼税制改革が「失われた二〇年」の引き金

第一章では消費税の裏にある強者の論理を概観してきた。

そして、アメリカが欧州の付加価値税を容認したことで、世界の戦後金融史が激変するきっかけとなった側面がじつはあったのではないか、とも述べた。

さらに、消費税の公平性を唱える財務省の主張とは異なり、消費税や付加価値税は、アメリカが長年主張してきたように、輸出還付金の名のもとに、日本のみならず、世界中の中間層や低所得者層の利益がグローバル輸出企業へと流れこむ、きわめて「不公平」な税ではないのか。こんな推論が浮かび上がってきた。

この章では、前章の議論を引き継ぎながら、消費税をはじめとする日本における税制の歴史をアメリカの経済史からあえて見直すことを試みたい。そこから透けて見えてくるのは、日本での税制改革が「失われた二〇年」の引き金となっている様相である。

なぜそうした指摘ができるのかという理由を述べるにあたり、少し遠いところから話を始めたい。あれほどまでに欧州の輸出還付金に神経をとがらせていたアメリカ自身がなぜ付加価値税を導入しないのか、というポイントだ。

▼なぜアメリカは付加価値税を導入しないのか

アメリカの輸出企業も小売売上税から付加価値税に変更してくれれば、輸出還付金という「影の補助金」を手にすることができる。欧州が自国企業の利益を追求するのであれば、アメリカとて同じように追求できるよう付加価値税を導入すればよいではないか、と思われるだろう。

実際にそうした付加価値税の導入はアメリカでも過去何度も議論されてきたのだが、そのたびにだされた答えはＮＯであった。

最近の例でいえば、二〇一〇年四月にオバマ大統領が財政難を理由に付加価値税導入に前向きな発言をしたところ、翌日ガイトナー財務長官（当時）に否定されたことがあった。

じつはその前の週に、法的拘束力は持たない決議ではあるが、上院で付加価値税の採用が八五対一三という、超党派の圧倒的多数によって否決されたばかりでもあった。付加価値税反対勢力の中心人物は二〇〇八年の大統領選にも出馬したジョン・マッケイン上院議員である。「（付加価値税導入に前向きなオバマ大統領に発言の）修正を求め、付加価値税反対を表明した」[*1]と題された二〇一〇年四月一五日の議会での意見陳述がある。

「税率の引き下げと税制度の簡素化に集中することで、議会はアメリカ経済を回復の軌道に乗せることができる。（中略）間違っても、中間層や低所得者層に悪影響を与える新規の大規模な増税を課すことではない、それでは経済回復を遅らせるだけだ」

上院で付加価値税導入を否決した際にも、付加価値税が財政難を解決することはなく、万が一にも導入となれば中間層や低所得者層への打撃だけがあまりにも大きいことがその反対理由とされた。

アメリカでは、付加価値税に関しては、最終消費者への負担の大きさとともに、所得が低い人ほど負担率が大きい逆累進性が指摘されている。上院での採決について伝えたウォール・ストリート・ジャーナル紙の記事が、“The Toxic VAT（有毒な付加価値税）”と題されていることが象徴するように、アメリカでは、付加価値税によるアメリカ企業に対する還付も、付加価値税による他国製品に対する還付も不公平であるという意識が、政治家やメディア等に浸透しているといえよう。

▼不利な戦いを強いられるアメリカの製造業

しかし、第一章で見たように、アメリカが付加価値税を導入しないことで、アメリカの製造業が確実に疲弊しているのもまた事実である。輸出還付金を受け取っている他国の製造業にくらべて、不利な戦いを強いられるなかで、この状況をアメリカの製造業界はどう打開しようとしているのか。

中小企業に対する支援を連邦政府レベルでおこなっているアメリカ中小企業庁からの助成金をもとに作成されたレポート[*2]には、いくつかの解決策が提示されているが、とくに現実的であるという点で次のふたつは興味深い。

①アメリカも付加価値税を導入して対抗する
②GATT／WTO協定に直接税、間接税を平等に扱うよう働きかける

①の付加価値税導入についてはより簡単な方法ではあるが、還付金をもらえてもそれは公平性に欠けるため採用すべきではない、という意識がレポートの根底には流れる。いかにも自由で公平を重視するアメリカらしい発想である。

より現実的かつ経済的に合理的な打開策としては、②のように、GATT／WTO協定に直接税、間接税の扱いの違いについて修正を働きかけて、他国の付加価値税廃止を促す、ということになる。このレポートは、アメリカ議会の諮問機関である米中経済安全保障検討委員会のホームページに、アメリカの対中貿易を意識して掲載されたものだが、輸出還付金ありきの欧州の付加価値税や日本の消費税のような擬似補助金を排して、フェアな競争をしようというのが彼らの意向だ。

▼アメリカが付加価値税に反対する真の理由

それにしても、アメリカの付加価値税に対する拒絶反応はかなり過剰ともいえよう。自由と平等を信条とするアメリカが不公平な制度を受け入れるわけにはいかない、という表向きの理由は理解できる。

そして、それを理由に何十年もの間、欧州と摩擦があるとはいえ、自国の利益のためには為替市場のシステムまで変更してしまうような国が、道徳的な見地や、自国の意向を首尾一貫させるためだけに、付加価値税に反対というのは、どうも得心しかねるのだ。

さらに、そこまで付加価値税を拒絶しているのであれば、なぜ日本やカナダというもっとも近しい同盟国の消費税導入を、一九九〇年前後を境にして認めてしまったのか。

アメリカが付加価値税に反対する真の理由はなんであるのか。

かなりうがった見方であることを承知でいえば、アメリカの一部の支配層は、第二次世界大戦以降、敗戦国や新興国が隆盛してきたいずれかの時点で、世界の工場としてのアメリカの限界を悟ったのではなかろうか。

産業の空洞化時代を迎えたアメリカと比較してみると、成熟国家となってからの日本の経済構造はかなり特異な部類に入る。中国などの新興国との価格競争に負け、製造の現場が海外へと流出したとはいわれているものの、日本は先進国でありながら、なおかつ「失われた二〇年」を経ても、そして世界一位、二位といわれる高い物価の水準でありながらも、いまだにモノをつくって輸出することができている。これは奇跡の経済構造としか言いようがない。

たしかに二〇一一年、二〇一二年は貿易赤字に転じたが、輸出そのものが落ちこんだわけではない。赤字の原因は化石燃料に代表される輸入の増加である。日本は、発展の過程で、安価で大量の製品を生産することから、高品質高付加価値の製品をつくりだす産業構造へと見事に転換し、それを継続しているといえよう。

日本では可能だった驚異的な製造業の転換ではあるが、アメリカは自国内におけるこうした構造変化をかなり早い段階で諦《あきら》めたのではないか。

自国の製造業は国力がつけばつくほど、いずれは後から追いかけてくる新興国の出現によって価格競争で負けて衰退する、と考えるのはある意味当然ともいえよう。製造業の構造をかえられないのであれば、それに代わる新しい産業が隆盛すればよいし、あるいはなんとか隆盛させる必要があると考えたかもしれない。

むしろ新興国の製造業に成長してもらって、その株主としてリターンを受け取るほうが、メリットがあるのではなかろうか——。そう強者が考えても不思議はあるまい。

▼製造業主導から金融帝国へとシフトしたアメリカ

実際、一九九〇年代以降、アメリカは国際資本の自由化を推し進めることで金融帝国を築き上げ、強いドル政策を採用する時期に海外から資金を集めるという戦略にシフトした。たとえばＩＴバブル期には全米に光ファイバー網を築く、あるいは住宅バブル期には水道管やガス管、道路などのインフラを整える、といったことをおこなうと同時に、資金を海外投資にも振り分けて高いリターンを得てきた。

こうした金融立国を目指す戦略の陰で、製造業の切り捨てがおこなわれてきた。つまるところ、国の付加価値税の導入に反対し続けてきたことは、一大金融帝国を築くための布石だったのかもしれない。

こうして考えてくると、アメリカの金融業や支配者層、そして各国の輸出大企業という一部の支配層にとっては付加価値税についての利害が一致するのである。

すなわち、日本の財界をはじめ各国の輸出大企業にとっては、消費税は自分たちを富ます打ち出の小槌になりうる。一方、金融帝国となったアメリカは自国の製造業を捨て石にしながら、製造業を中心とした海外の成長分野に投資して利潤を拡大する。あくまでも状況証拠からの推論の域をでないが、付加価値税をめぐるアメリカの対応を見ると、このような構図が見えてくるのである。

▼日本の消費税率はなぜ五%なのか

このようにアメリカが製造業主導から金融業に転換した歴史を踏まえてみると、日本の消費税についての見方も大きくかわってくる。

日本の消費税率は現在五%となっている。それに対して、欧州は軒並み二〇%前後の高い水準になっている。この差はいったいなにを意味しているのか。

各国の付加価値税の導入時期だが、フランスが産みの親とあって、欧州を中心に拡散していった経緯から、欧州各国はいずれも導入が早い（図4）。

またEU諸国では、EC法令によって標準税率を一五%以上にしなければならないとされているため、ほとんどの国で税率が二〇%前後と非常に高い。付加価値税を採用している世界一四〇カ国あまりの税率を見ても、一〇%～二〇%台が圧倒的で、一〇%未満とな

図4　付加価値税の税率と導入時期

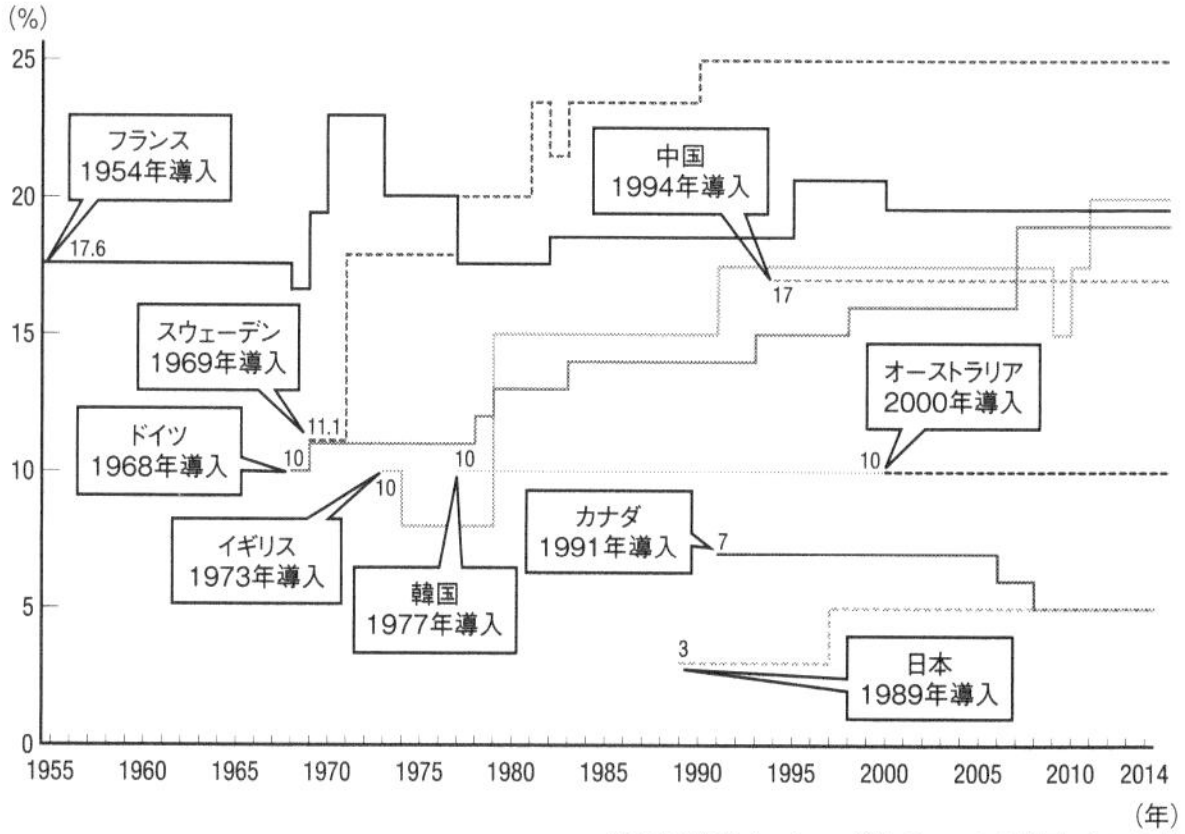

出典:財務省ホームページ(フランスのみ別データによる)

っているのは九カ国、もっとも低い税率が五%なのである。

その五%の採用国とは、先進国だけをとり上げてみれば、日本とカナダだけだ。しかも欧州を中心としたほかの先進各国の導入時期が一九六〇年代から一九七〇年代だったことを考えると、両国の一九九〇年前後の導入時期はきわめて遅いという印象を受ける。

カナダはNAFTA(北米自由貿易協定)を締結していることが示すように、隣国である以上、アメリカとはどうしても上手くやっていかなければならないという地政学的な事情がある。日米同盟を維持し、親アメリカ国家の代表である日本、そして韓国も、米軍と頻繁に合同軍事演習をしていることが象徴するように、アメリカとの関係が深い。早くにTPPの交渉のテーブルについたオーストラリアも導入が遅く、税率も一〇%とそれほど高くない。

つまり、アメリカとの関係が深いといわれているような国は付加価値税率が低く、導入時期も遅い国が多いのに対して、アメリカとは貿易摩擦などでたびたび対立してきた欧州などは導入が早く、税率も高いという傾向がある。

アメリカと対峙しているという観点から、中国やロシアなどはどうだろうか。付加価値税導入は中国が一九九四年、ロシアが一九九二年と比較的遅い部類に入るが、これは市場経済への移行が遅かったためである。税率はすでに中国一七%、ロシア一八%(いずれも二〇一二年一二月現在)と高水準になっている。

欧州の付加価値税を攻撃しようとしていたアメリカに親米派の日本とカナダが同調した、つまりアメリカに気を遣っていた、その傍証ともいえる事実が、一九六七年のGATTケネディ・ラウンドの一幕にある。

すでにこのときにアメリカの国際収支は悪化しており、たびたびアメリカ議会などでも

GATTの「間接税による輸出品への還付は容認し直接税での還付金は禁止」という直接税、間接税の扱いの違いによってアメリカが被るデメリットが取り沙汰され、この条項の削除要請への動きが見られていた時代である。

「GATT条項に国境税の一貫性（筆者注：直接税間接税を問わず補助金を出したり、還付はしないという当初のGATT原則に提示されていた一貫性）があったにもかかわらず、その国境税の調整について変更したことは、ケネディ・ラウンド議定書がもたらす関税引き下げの約束や互恵関係を無効に、あるいは台無しにするだろうともアメリカの代表は述べた。（中略）カナダと日本の代表はこの主張に賛同した」*3

当然のことながら、このアメリカの声明に対し、EEC（欧州経済共同体）は否定的な態度を示していたという。

こうした一連の経緯を見ると、日本の消費税の三％から五％、八％、一〇％という税率引き上げを、アメリカからの圧力だと捉える声も一部にあるようだが、じつはまったく逆であるといえよう。日本はアメリカに遠慮があるからこそ、導入も遅く、今まで五％にとどめていたと考えるほうがむしろ合点がいくのではなかろうか。

ひたすら付加価値税引き上げに邁進する各国において、カナダだけは付加価値税を下げている。

▼日本の消費税導入の歴史

日本の消費税が、アメリカ経済と密接に関わっていることを確認するために、ここで時計を巻き戻し、日本での消費税導入の経緯を振り返っておこう。

一九七九年一月に大平正芳首相が財政再建のため「一般消費税」導入を閣議決定したが、*4 同年一〇月におこなわれた総選挙直前に導入断念を表明。結局この選挙で自民党は議席を減らすこととなった。その翌年、大平首相は急逝している。

その後、大型間接税を導入しようとする動きは大蔵省（当時）を中心に根強く残っていたものの、一九八二年から政権を担った中曾根康弘首相は選挙を意識していたからとされるが、当初は「増税なき財政再建」「大型間接税は導入せず」を理念として掲げていた。

一九八四年秋、大蔵省は、財源確保のための大型間接税導入が駄目というのであればと、法人税増税を画策するも財界が反発。同年末の日本商工会議所五島昇会頭の「今の税制では限度があり、直間比率の見直しと間接税の導入の方向に行かざるをえないというのはカンでわかる」[*5]との発言が象徴するように、このころには大型間接税導入賛成のスタンスになっていた。

自民党が大型間接税導入にむけて動きだしたのもこの時期である。自民党の村山達雄党税調顧問を中心として「村山調査会」が発足、財源確保を念頭に、一九八六年度の税制改正にむけて検討を始めた。中曾根首相自身が直間比率の見直しに触れるようになったのもやはりこのころからである。[*6]

したがって、大型間接税導入を視野に、税制度の抜本的な見直しが政界財界で本格的に動きだしたのは、一九八四年末あたりからと考えられよう。

もちろん、税制見直しに対して批判的な議論もあった。

たとえば、本田宗一郎・本田技研最高顧問らが、行政改革を国民運動として盛り上げる目的で設立した行革国民会議などは、一九八四年一二月に開かれた緊急代表者会議において、「財政難に対応するために税制改正を考える発想は、増税なき財政再建路線に反し、行革への国民の支持を失うばかりではなく、重大な政治不信を招く」[*7]として大型増税反対の立場をとっている。導入に対しては、現在よりも、百貨店や流通業界などはもちろんのこと、財界の有力者、有識者の間でも反発が大きかったことがうかがえる。

ここで興味深いのは、一九八五年一月に、中曾根首相は現在の消費税や欧州の付加価値税のような「流通の各段階で投網をかける」大型間接税のシステムを国会の場で否定したことだ。その代わりに、アメリカ型の「売上税」導入に前向きであった。

アメリカ型の「売上税」を推した中曾根首相の真意については後述するが、このように議論は百出したものの、結局、一九八五年秋以降、政府税調は「シャウプ勧告」以来の「直接税への依存」を批判し、大型間接税導入への道筋を強化していった。法人税の減税、所得税の累進税率の引き下げと大型間接税がセットになって動きだしていったのだ。

▼プラザ合意と消費税導入

以上のような日本における大型間接税導入の議論と、国際金融の動向を重ね合わせると、どのような構図が浮かんでくるだろうか。

増税論議が盛り上がっていった一九八五年九月、為替市場ではプラザ合意という大激変があった。日、米、仏、西独、英のいわゆるG5の蔵相らが集まり、五カ国が協力して「ドル安」推進を決定したのがこの合意だ。一九七一年のニクソン・ショック以来の大きな出来事だった。

その結果、ニューヨーク市場では発表の翌日一日で一ドルが二四〇円一〇銭から八円二〇銭の下落、東京市場でも二四二円から一一円九〇銭のドル安と過去最高の下げ幅を記録、一年後には一ドル一五〇円台で推移するようになった。

ドル安はアメリカの輸出企業にとっては好ましい。一九七一年のニクソン・ショックを経て、さらにはこの一九八五年のプラザ合意を経て、ドル安が急激に進んだわけであるが、こうしたドルの通貨価値の急落はアメリカの製造業にとっては有利だが、それまで円安のメリットを享受していた日本の製造業にとっては痛手となる。

しかし、為替レートがドル安円高へと水準訂正する、国際的な合意がなされてしまった以上、日本一国でなんとかすることは無理だ。

それでもこれまでどおりの本邦の輸出競争力を自国の裁量だけで維持するためには、もうひとつの手段、国境をまたぐ税を操作するしかない。つまり、日本にも消費税を導入し、国内では外国製品の価格を上げ、さらに輸出還付金を受け取れるようになれば輸出企業にとっては万々歳となる。

しかも、欧州の付加価値税の税率アップの例があるように、一度導入することができれば、後はひたすら税率を引き上げていくことも可能だ。経団連を筆頭にドル切り下げの代償として欧州型の輸出還付金制度のついた付加価値税の導入を政府に求めた側面があったのではないか。財界の大型間接税導入の盛り上がりの時期と急激な円高のステージの重なりから、そうした思惑が垣間見えるようである。

そしてプラザ合意から三年たった一九八八年に、日本で初めての消費税法案が可決したのだった。

当然のことながら、ここには税を負担する一般国民への配慮はなく、ひたすら企業の利益が優先されているわけである。利益追求の企業に対してバランスを持った政策を採用するのが政府の役割と考えるが、今も昔も業界からの圧力は強い。

▼消費税と日米関係

消費税法案が可決された一九八八年当時の首相は竹下登である。先述したように、その一代前の中曾根首相は、欧州型の付加価値税には反対し、アメリカ型の売上税の導入には前向きだった。このことには大きな理由がある。

そもそも自民党は財界寄りであるはずだから、プラザ合意を受けて、一気に欧州型の付加価値税導入を推進しても不思議ではない。しかし、中曾根首相が当初から欧州型の付加価値税導入に消極的であったのはなぜか。

ロンとヤスという言葉に象徴されるように、日米の政治史上、両国がもっとも蜜月関係にあった時代である。中曾根首相はアメリカの立場、すなわちこの時期に国際収支の悪化からアメリカが債務国へと転落したこと、その背景には日本の対米貿易黒字があったのはもちろんのこと、欧州の輸出還付金つきの付加価値税の問題があることを意識していたのではなかろうか。

中曾根首相が名称を「消費税」ではなく「売上税」として導入しようとしたのも、アメリカへの配慮からなのではないか。結局、中曽根政権時代、間接税の導入は盛り上がったものの、流通業界や識者からの猛反発があって見送りとなっている。

実際に消費税を導入したのは一九八九年になってからだが、その年の一二月に日経平均株価は三万九〇〇〇円近い史上最高値を見たものの、翌年から暴落。アメリカの虎の尾を踏んだから、などと言うつもりは毛頭ないが、事実として、それ以降小泉純一郎首相が登場するまで、一九九〇年代を通じて日米関係は冷えこみを見せる。

一九九五年に初めて一ドル八〇円割れの超円高を経験した後の一九九七年には、橋本龍太郎政権下で消費税率は三%から五%へと引き上げが実施された。

その直前、増税緊縮を決断していた橋本首相と大蔵省首脳に、来日したアメリカのアル・ゴア副大統領（当時）が、「日本はなぜ内需抑制策をとるのか、財政危機ではない、内需を拡大して経済を活性化すべきではないか」[*8]と消費税引き上げを見直すよう進言した逸話が残る。橋本首相は一九九四年には日米包括協議でアメリカのカンター通商代表とやりあい、一九九七年には「米国債を売りたい衝動に駆られたことがある」との発言が物議を醸した経歴の持ち主でもある。

ちなみに、二〇〇一年に自民党総裁に立候補した際には、一九九七年の消費税引き上げについて、そのタイミングを間違ったことを謝罪する文章が今でも橋本氏のホームページには残っている*9。

一層の消費税引き上げを主張した菅・野田民主党政権時代にも、円が戦後の最高値を更新し、高値水準にとどまっていたのは記憶に新しいところだ。こうした円高進行を理由に、輸出企業中心の財界は消費税率を上げて、競争力のアップと還付金アップを政府に求めたのではないか。民主党政権では財務省とは蜜月であっても、外交分野では失態が続き、日米関係が疎遠になったのは言うまでもない。

以上は、あくまで状況証拠にもとづいた推論にすぎないが、偶然と言うには、あまりにも消費税導入や引き上げのターニング・ポイントと、円高あるいは日米関係がこじれた時期との歩調がそろいすぎているのだ。

安倍新政権は、果たして日米関係を重視して、二〇一四年の消費税の引き上げは見送りとするのか。仮にそうしても、財界の声に押されて二〇一五年に増税を実施すれば、二〇一六年以降は日米関係も日本経済も急速に冷えこむこととなろう。

▼消費税アップに利用される円高

ここまで円高が輸出企業にとって重荷である、という前提で話を述べてきた。しかし、じつのところ、円安であれば日本経済がうまく回るわけでもないという点について補足をしておきたい。たとえば、二〇一三年三月で任期終了を迎えた日銀の白川方明《まさあき》総裁も、最後の講演において「わが国でも過去一五年近くの間にも何度かの円安局面があり、その局面では輸出や生産は増加しましたが、残念ながら、潜在成長率の引き上げに成功した訳ではありませんでした」[*10]と指摘している。しかも、これが日本経済団体連合会常任幹事会の場での発言であるので、ひたすら円安を求める輸出企業中心の経団連に苦言を呈した形でもある。

先述のとおり、二〇一一年、二〇一二年と日本の貿易収支はマイナスに転じてしまった。これは輸出の減退というよりも、原子力発電所が稼働停止となったことによって化石燃料の輸入が急激に増えたこと、併せて海外市場での資源価格が高止まりしたこと、などが理由にあげられる。

エネルギーを海外資源に、あるいは輸出のための資源を海外に依存している状況は今も昔もかわらない。であれば、たしかに円高は製品を海外で販売する際には不利にはなるが（ただし海外移転が進み現地生産、販売が円を介さないままおこなわれるなかで、円高がどれほどの影響をおよぼしているのかはなはだ疑問ではあるが）、輸出のための原材料を安く仕入れることはできる。つまり、資源のないわが国では輸出企業は同時に輸入企業でもある。したがって、日本の輸出企業にとって円高はまた、大いなるメリットともなるのは間違いない。

そもそもグローバル展開をしている企業は円建て、ドル建てを上手く使い分けている。財務省が二〇一三年一月に発表した貿易取引通貨別比率（平成二四年下半期）を見ると、輸出の際の決済通貨は米ドル五一・五％、円三八・四％であり、輸入では米ドルが七二・五％、円が二二・九％と、円高のメリットをしっかりと享受している様子がうかがえよう。

企業側は為替変動に合わせて臨機応変に対応しており、実際のところはマスメディアが大々的に伝えるような為替変動による深刻な影響は受けていない、ということになる。

たとえば、円が対ドルでの戦後最高の水準だった二〇一一年から二〇一二年に、一部上場企業の企業業績が悪化したかといえば、そのようなことはなく、二〇一二年三月期決算の企業の一割以上は史上最高益、半数以上が増益といった具合だ。

じつは輸出大企業にとって円高は大きな問題ではなく、むしろ原材料を低コストで調達できる分、メリットのほうが大きいのではないかと思わせる結果なのである。

その点において、グローバル展開で円高のデメリットを相殺したり、デリバティブを駆使して為替のヘッジをするといったスキームを持たない、中小零細企業や下請け企業などの状況は非常に厳しい。だからこそ、円高の局面においては消費税導入や消費税増税で下請け企業を疲弊させることのないよう、なんらかの優遇策こそ中小零細企業には必要だったはずなのである。

しかし、誠に残念なことではあるが、実効的な措置がとられることなく円高不況に陥ることとなり、追い打ちをかけるように消費税の導入、あるいは引き上げとなってしまった。これでは中小零細企業はひとたまりもない。

円高の恩恵もまた受けている輸出企業が、産業の空洞化や輸出競争力の低下を指摘して、「円高は悪」を最前面に打ち出す目的はなにか。

円高による企業業績の悪化→政府の歳入減→財政悪化→消費税で財源確保へ、というコンセンサスを国民の間に植えつけるには絶好の機会となりうる。民意を味方にすることができれば、財界はなお一層、消費税率アップを政府に建言しやすくもなろう。

▼消費税は法人税引き下げの穴埋めだった

消費税の導入や税率アップが、大資本などの強者を優遇してきた証として、法人税率や所得税率の変化にも注目してみたい。

消費税を導入した一九八九年、法人税率はそれまでの四二%から四〇%に引き下げられた。翌年には三七・五%となり、その後も一貫して下がり続けた。

一九九七年には消費税率が三%から五%に引き上げられたが、それと呼応するかのように一九九九年に法人税率は三〇%に引き下げられた。そして二度目の消費税率引き上げが決定したのが二〇一二年八月だが、この年の四月時点ですでに二五・五%の法人税率がスタートしている。

消費税が導入された一九八九年度から二〇一二年度（予算）までの二三年間で、消費税の税収は総額で二〇二兆円になるが、同じ期間の法人税の累計は二九五兆円となっている。

もし仮に一九八九年当時の法人税率四〇％が維持されていたとするならば、この期間の法人税の累計は四五六兆円となる。四五六兆円－《マイナス》二九五兆円で、差し引き一六一兆円を法人税の減少額とする。

法人税、消費税とともに税収の要である所得税についても見てみよう。一九八八年までは年間所得二〇〇〇万円超は五〇％、五〇〇〇万円超は六〇％だった税率が、現在は一八〇〇万円超が一律四〇％まで引き下げられている。中央大学名誉教授であり、元国税庁職員である富岡幸雄氏はその結果、年間所得二〇〇〇万円超の、いわゆる高所得者層への減税による減収額は毎年二兆円になると指摘している。二兆円×二三年＝四六兆円が高所得者層の所得税の累積の減収額となる。*11

法人税の累積減収額が一六一兆円、所得税の減収額が四六兆円、合計二〇七兆円はこの間の消費税の累積額二〇二兆円とほぼ重なる。「社会保障のため」と徴収されている消費税ではあるが、富岡教授は結局のところは一九九〇年代を通じて引き下げられていった法人税と高所得者層の減税分の穴埋めにしかなっていないと言及している。

ひとつの見方として、法人税と高所得者層の所得税の減税＋消費税増税のセットによって、本来輸出大企業や高所得者層がいくぶんかは負うべき負担を国民の側が背負うように、この二十数年でじょじょに態勢が整えられていったことになろう。さらに国民負担分から輸出企業には還付金として資金が渡っている構図となる。これでは大企業とその株主、あるいはごくかぎられた富裕層だけが恩恵を受けるシステムとなってしまう。

一方で、かつての高所得者層の所得税や法人税が高すぎたゆえ、今の水準が適正なのではないかという見解もあろう。国税収入のなかで、どの国でももっとも大きな比率を占めるのがこの法人税、所得税、間接税（消費税）であるが、果たして、世界的に見て日本の消費税の比率が低く、法人税や所得税の比率が高いのであろうか。

これまで見てきたとおり、付加価値税が軒並み二〇％前後となっている欧州であるが、主要国の国税収入に占める付加価値税収の比率を見ると、イギリスは二一・一％、ドイツは三五・六％、イタリアは二八・三％である。付加価値税が二五％ともっとも高いスウェーデンは一八・五％にしかならない。[*12] それに対して、日本の場合、消費税五％のうち四％は国税（残り一％は地方税）であり表面上の数字は低いが、国税収入の全体の比率で見ると、現時点ですでに二四・七％となっている（平成二五年度予算案）。つまり、付加価値税が高い欧州並みの負担を日本国民はすでに強いられていることになる。今後一〇％まで消費税率が引き上げられた場合、国税収入における消費税収の比率が三七％にまでのぼることは、民主党政権下で安住淳財務大臣（当時）も国会の答弁で述べており、各国比でも消費税収の割合が突出することになる。

こうした比率を見れば日本の場合、一見した消費税率は低くとも、実際には歳入の相当部分を国民全体が広く背負っているといえるわけである。今後も消費税の負担を上げて法人税や所得税を下げ続ければ、税収ごとのバランスを一層崩すこととなる。すなわち不公平さが拡大することにつながるのは間違いない。

▼ひっそりとインストールされるシステム

もちろん、法人税の引き下げによって、税金として徴収されずに済んだ利益が従業員に分配されるなら問題はない。あるいは、減税で潤った高所得者層が、減税分をすべて吐きだすような国内での消費活動に積極的に励んでくれていたなら、ここまで内需がしぼむことはなかったろう。現在のような日本の中間層の没落、景気の悪循環が長く続く冬の時代に突入するようなこともなかったのではないか。

しかし、現実には、一九九〇年代後半から現在に至るまで、国内消費は減退し、国民の所得は減少の一途をたどっている。

言うなれば、この「失われた二〇年」というのは、どんなに大企業が利益を上げようとも一般の国民には富が行き渡らず、ごく一部の富裕層や企業にしか資金が回っていかないようなシステムが、いつのまにかインストールされていった時代だった。

企業が利益追求をする集団である以上、コストを抑えて収益を上げることに専念するというのはわかる。だが、長きにわたって度重なる税制の変更があったがために、あまりにもコスト削減の度合いがすぎてしまったこと、富の分配に偏りがあるということを、企業側自身が認識できなくなっているのではないのか。

そして、こうした日本の税制変更の影には、アメリカの姿が見え隠れしていた。アメリカが輸出大国復活の可能性を捨て、金融帝国へと舵を切ったときに、日本は消費税を導入し法人税を下げることで、輸出企業優遇の税制へと傾斜していった。

その意味では、「失われた二〇年」とは、アメリカの強者と日本の強者の蜜月時代とすらいえるのではないだろうか。

第三章　時価会計導入で消えた賃金

▼激増する株主配当金

輸出のたびに税金が還付される欧州型の付加価値税は輸出奨励金ではないか。[*1] アメリカがそのように主張する、付加価値税のような一部を優遇する税制導入の経緯について、そしてそこに垣間見られる企業と国家の思惑をこれまで見てきた。日本の消費税への移行を含め、付加価値税制の導入には、どうやら薄く広く国民の富を徴収し、それを一部の大企業に還流させる目的もあるようだ、という確認ができたのではなかろうか。

それに対して、よりダイレクトに従業員の賃金を削りとることに結びつく制度変更もある。それが本章の主題となる、株主資本主義の陰の原動力となっていった時価会計の導入である。

日本の税制変更の裏には、アメリカの一部の支配者層の思惑が見え隠れするようだという話をしたが、この会計制度の変更に関しては「グローバル・スタンダード」の名のもと、アメリカの影響を真正面から受けたものである。

会計制度の変更というものは、専門的でテクニカルであるがゆえに、一般国民にとって非常にわかりにくく、なかなか議論に参加しにくい。さらに、国民全体を巻きこんでその議論を発展させることも大変難しい。株主資本主義という言葉にしても、イメージは湧くかもしれないが、具体的にそこにどのようなルールが存在するのか、あまり知られていないのではなかろうか。

そこで本章では、一九九〇年代後半から二〇〇〇年代にインストールされてしまった株主資本主義の内実を明らかにしながら、それが日本経済に与えた負の影響を検証してみたい。まず、端的に株主資本主義なるものがもたらした「結果」をデータで確認しておこう。

図5は大企業の株主配当金総額と人件費総額の推移を表したものである。ご覧のとおり、株主への配当金額は二〇〇〇年を一〇〇とすると、二〇〇六年の指数は約三五〇、つまり三・五倍へと急拡大している。一方で、人件費総額は二〇〇〇年代以降、微減している。

つまり、二〇〇〇年以降、いざなみ景気という景気拡大期を経たにもかかわらず、企業が生みだした付加価値は株主の配当に充当されはしても、従業員の賃金アップにむけられることはなかった。二〇〇〇年代を通じて「株主利益を最大化する」という目的が徹底されたことを示すデータといえよう。

図5　株主配当金総額と人件費総額

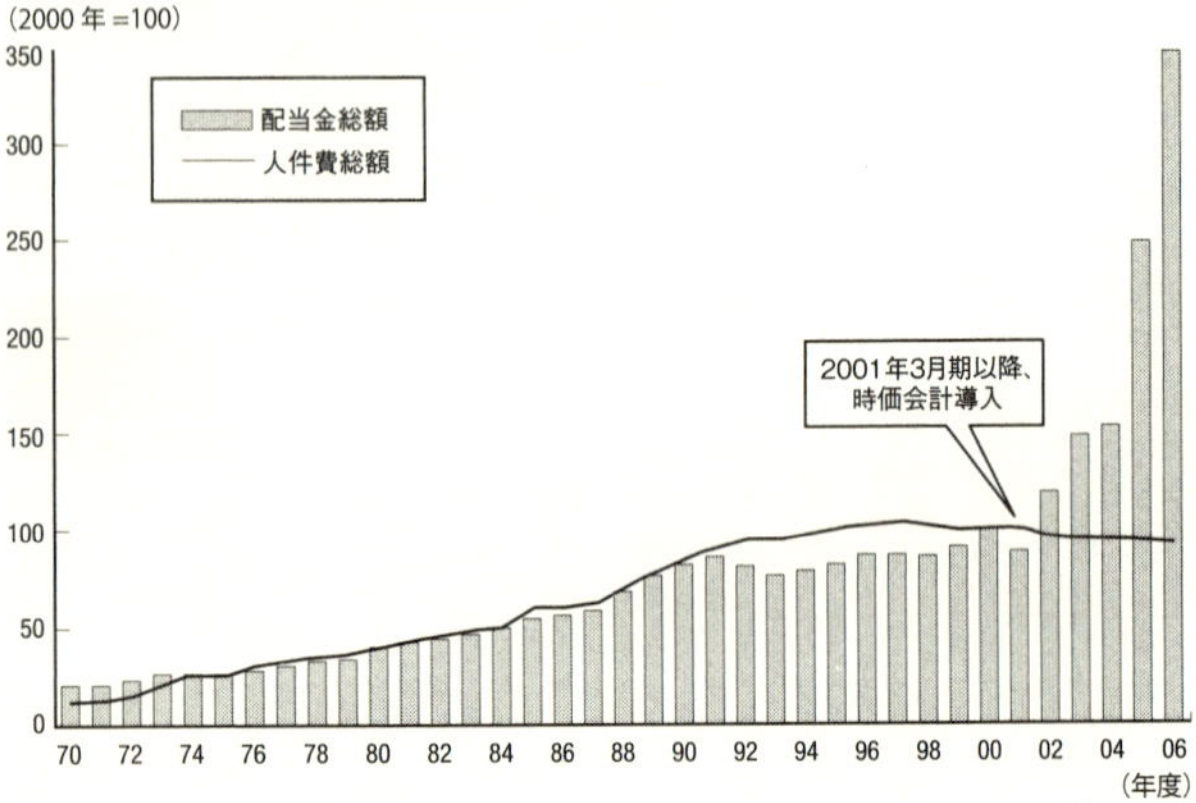

出典:日本銀行ワーキングペーパーシリーズ「賃金はなぜ上がらなかったのか?」(2009年)

この時期、なぜ大企業を中心に株主への利益還元に重きを置くことが可能となったのか。なぜ、株主優位の経営に転換せざるをえなかったのだろうか。

その背景には、バブル崩壊後の株価下落のため多くの株式保有者がやむなく株を手放したことで、保有株主の構成自体が変化し、保有する目的もかわってきたことがある。

そして、この株式大放出に追い打ちをかけた事象として、時価会計に代表される、とくに一九九〇年代後半以降の会計ビッグバンの影響は拭い去れまい。

▼時価会計とはなにか

まずは時価会計という仕組みを簡単に説明しておこう。

時価会計とは、資産と負債を各期末の時価で評価し、財務諸表に反映させる、言い換えるなら、資産を取得したときの原価と現在の価格との差を決算のたびに組み入れていく会計方式である。

Aという企業が株を保有しているとしよう。話を非常に単純化すると、A社が所有している株の価値が前の決算時とくらべて下がっていれば、下がった分、会計上のA社の企業価値は下がる。前の決算時とくらべて株価が上がっていれば、上がった分、企業価値は上がることになる。

二〇〇一年三月期決算以降、日本の上場企業は金融商品に関して時価会計の新基準をもとにした財務諸表を発表しなくてはならなくなったのだが、それ以前は原価会計という制度がとられていた。この原価会計は簡単にいえば、持っている資産を評価する際に、決算時点ごとの資産の評価額ではなく、その資産を取得した当初の時点での価格で評価するものである。

一般的には、時価会計のほうが、現時点での資産の価値を反映しているので「正確」だといわれる。とくに、含み益の大きな株式を売却して利益を捻出する益出し操作のような人為的な会計操作が不可能になり、企業の損益が明確になる。これこそ経営の透明性を重視するコーポレート・ガバナンスのお眼鏡に適《かな》う方式だと、喧伝されてきた。

お気づきかと思うが、バブル崩壊で市場価格が下落の一途をたどるような、あるいは長く続くデフレでモノの値段が下がるような状況で、原価会計から時価会計への転換があると、企業の受けるダメージは大きい。各期の評価損益を損益計算書に計上しなくてはならなくなるからだ。

これも単純化した話だが、たとえば取得価格が一〇〇円の株式が、あるとき一〇〇〇円になり、その後に五〇〇円になったとしよう。原価会計であればあくまでも取得価格と市場価格の差が計上されるので、五〇〇円－《マイナス》一〇〇円で四〇〇円のプラスとなる。

しかし時価会計の場合、一〇〇円から一〇〇〇円まで値上がりした分は前の決算の収益に計上されてしまい、一〇〇〇円－五〇〇円＝▲五〇〇円、つまり五〇〇円の赤字が次の決算に計上されてしまう。引き続き価格が下落して四〇〇円になれば、五〇〇円－四〇〇円＝▲一〇〇円をさらに後の決算時に計上する必要がある。つまり、原価会計ならば、購入当時の安い価格が資産評価の基準となり、実際に売却したときには原価との差額が計上されるだけである。バブルで異常に値上がりしたとしても帳簿上には表れない代わりに、バブルが崩壊して含み益が消えたとしても損失として出現しないため、さほど問題とはならないであろう。

ところが、資産価値が著しく低下し続けるなかで日本は時価会計システムを採用した結果、資産がどんどん目減りし、わずかばかりの評価益を確保するため、あるいは評価損をこれ以上膨らませないために、企業も金融機関も株を売り続けた。そのような売りが市場での一層の売り圧力を引き起こすために価格が下落、さらなる含み損を大きくしたために、一層の売り圧がかかるという、まさに株式の売りの悪循環に陥ってしまったのだ。

▼橋本龍太郎の金融ビッグバン

なぜ、日本は原価会計から時価会計に転換したのだろうか。

一般的には、日本の時価会計は、一九九六年に第二次橋本内閣が宣言した「金融ビッグバン（日本版ビッグバン）」構想のひとつとして位置づけられている。

金融ビッグバンとは、フリー（市場原理が働く自由な市場）、フェア（透明で信頼できる市場）、グローバル（国際的で時代を先どりする市場）という三原則をもとに、金融システムの抜本的な改革を目指したものであり、その中心をなす改革のひとつが国内会計制度の国際基準化であった。

金融ビッグバンの背景として、日本の資産バブル崩壊によって企業活動が低迷し、その結果、日本の金融市場の存在感が著しく低下していくなかで、金利の自由化、金融機関の業務枠の自由化、金融の国際化によってなんとか日本市場の再生を図ろうとしていた。

また、国際的な金融自由化が進行していくとともに、欧米から日本に対する金融自由化の要求が強まっていったこともあげられよう。戦後日本の金融システムは、証券取引法や銀行法などの規制が多く、業務範囲も限定されていた。それがいいか悪いかという議論は別として、海外勢から見れば、海外市場にくらべて日本市場が透明性を欠いていると受け取られていた面は否めない。そこで、海外投資家からすればタイミングよく、一九九〇年代のバブル崩壊を迎えることになる。

日本の地価と株価が下落の一途をたどったことで、バブル期に不動産を担保に貸し出した融資は焦げつき、銀行の不良債権があらわになり、銀行をはじめとした金融機関の株価が大幅に下落する金融危機を迎えた。金融ビッグバンが具体的に始まる前年の一九九七年には、山一證券《しようけん》、三洋証券、そして北海道拓殖銀行が破綻。日本の金融システムは、未《み》曾《ぞう》有の危機に直面することになった。

不良債権問題が顕在化したことで、日本の金融機関に対する信頼性は低下。海外勢からしてみれば、こうした状況を引き合いにだすことで、俄然《がぜん》、日本の金融システムの抜本的なシステム改革を要求しやすくなった。

バブル崩壊以前の日本では、メインバンク制のもと、株式保有に関しては独特の慣行である「持ち合い」が企業間でさかんにおこなわれていた。株式の持ち合いとは、複数の株式会社が、お互いに相手方の発行済み株式の一部を保有しあう状態を指す。持ち合いの目的のひとつは、買収から自社を防衛することだったといえよう。

また、互いに株式を持ち合えば、株価は安定するため、終身雇用制や持ち合いをしている企業同士での長期の営業取引なども可能となった。グループ会社に金融機関があれば、グループ内での資金の融通などもよりスムーズにいく。こうして、株式持ち合いが、高度経済成長の陰の立役者となった面もあろう。

だが、バブル崩壊後の株価暴落が、企業の保有する持ち合いの株式の資産価値を失わせたため、金融機関や企業経営に大きな圧迫となり、持ち合い解消がすすむことになった。

会計制度との関わりという点で言うならば、当時は、グループ会社への不良債権の「飛ばし」をはじめとした粉飾会計が相次いで発覚し、それが引き金となって日本長期信用銀行や日本債券信用銀行という金融機関までが破綻に至ったため、会計制度の見直しを要求する声が投資家から強まっていったという経緯もある。

とりわけ、日本の株式を保有する外国人投資家にとって、金融資産の取得原価と時価の間に大きな差があっても決算に反映されなかったり、含み損がグループ企業につけかえられたりしている原価会計や個別決算をおこなっていることは、不公正で不明瞭な経営と映ったのだろう。

その象徴的な出来事が一九九九年から起きだした「レジェンド問題」と呼ばれるものであった。これは、当時ビッグ5と呼ばれていた五つの世界的な大手会計事務所が、アメリカの証券市場に上場する日本企業の監査報告書に対して、「この財務諸表は、日本の証券取引法および会計基準で作成したものであり、日本以外で通用する会計基準に拠ったものではない」というような内容の説明条項（legend clause　警句）を加え、海外の投資家に注意を喚起したことを指す。

このレジェンド問題は、日本の会計基準に対する不信感を端的に表明したものであり、外堀を埋められるがごとく、これをきっかけに日本は国内会計基準のグローバル化にシフトせざるをえなくなっていった。こうしたことが、二〇〇一年の時価会計導入に結びついていったと考えられる。

▼時価会計で急増した外国人株主

一九九〇年代後半から二〇〇〇年代前半にかけては、企業が保有していた大量の株式が市場に放出されるとともに、従来のメインバンク制のもとでの株式持ち合いシステムは崩れていった。そのピークを迎えたのが、当時日経平均株価のバブル後最安値とされた七六〇三円七六銭をつけた二〇〇三年四月といえよう。そして叩き売られた株式をこれまでの保有者に代わって保有するようになったのが、外国人投資家であった。

図6　投資部門別株式保有比率の推移

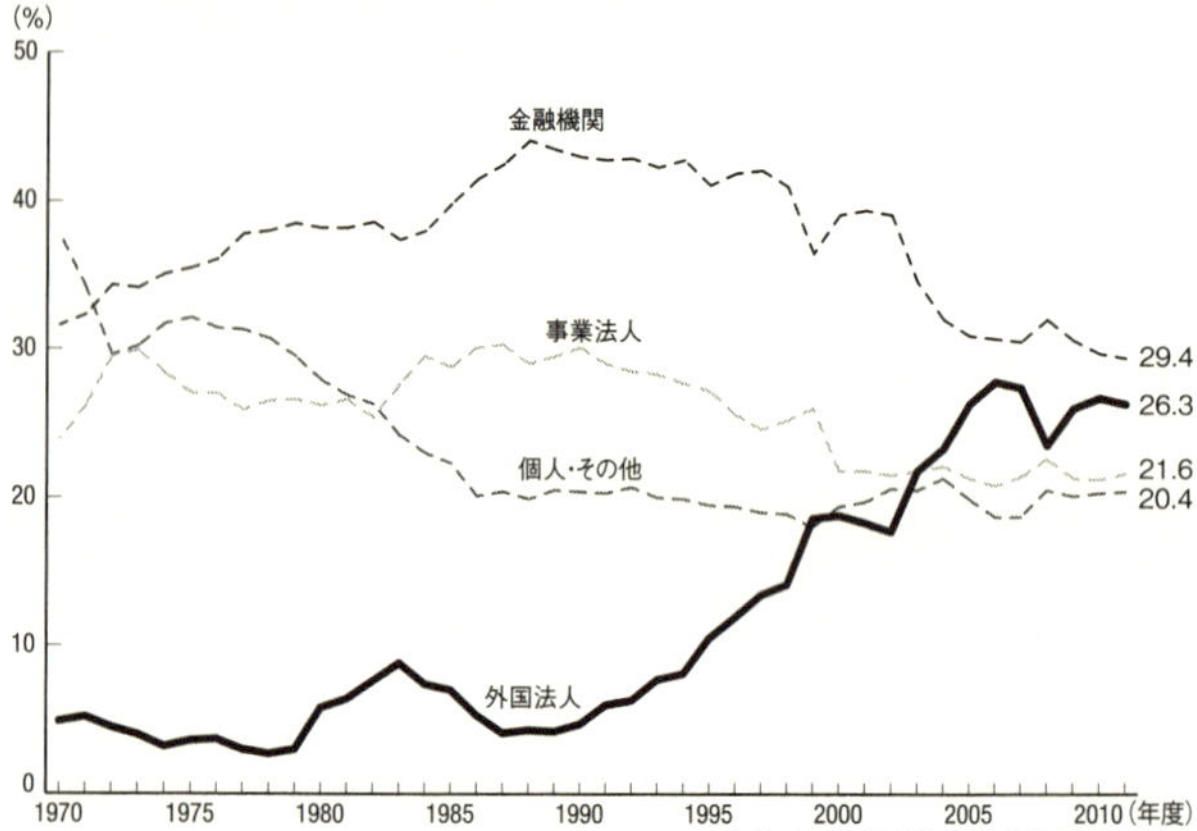

出典:東京証券取引所「株式分布状況調査」

東京証券取引所が発表している「株式分布状況調査」で、株主の構成比率の推移を見てみよう(図6)。

これを見ると、一九九〇年以降、金融機関、事業法人といった国内の投資家が保有比率を落とす一方で、外国人投資家の保有比率が増え始め、系列企業同士の持ち合いが解消され株式が大量に売られた二〇〇三年の時点では、日本の事業法人と外国人投資家の保有率が二一・八%で並ぶことになる。

そして二〇一一年になると外国人投資家の比率は二六・三%となり、日本の金融機関の二九・四%に並ぶほどに拡大した。つまり、一九九〇年代後半以降、日本企業の株式持ち合いとバトンタッチする形で日本の株を購入したのが外国人投資家だったということがわかる。

▼時価会計がきっかけとなった賃金カット

外国人株主が増えたことによって、株主による経営監視を旨とするアメリカ流のコーポレート・ガバナンスがより重視されるようになった。いわゆる「モノ言う株主」の増加を背景に、「株主寄り」に企業経営が変化したのである。

そして「企業の一番の目的は利益の最大化であり、企業は株主のためにあるもの」という意識のもとで、海外投資家は、企業の中長期的な成長や従業員の福祉よりも、短期的な配当の最大化を企業に対して要求していくことになる。

その際、時価会計制度は、いわば企業の成績表となる。成績アップを実現するためには、企業は各期ごとに収益を上げ、配当をださねばならない。したがって、短期的に利益をもたらさない設備や雇用はコストカットの対象になってしまうのだ。[*2]

時価会計制度の導入は、こうした雇用や賃金のカットを加速させたといえるだろうし、経営に対する監視を強め、高い配当への要求を強めることにもなっただろう。それはなにも外国人投資家だけにかぎらず、そうしたグローバル・スタンダードの株主優位性をよしとして、日本人投資家もまたそれを尊重したことから、従業員の取り分である労働分配率（会社の付加価値に占める人件費の割合）の低下をもたらした可能性が高い。

▼金融ビッグバンに見られるアメリカの影

日本企業のそれまでの慣習の負の部分がバブル崩壊によって炙《あぶ》りだされた、という時代背景を考えれば、金融ビッグバンも時価会計導入もやむなし、そのコストカットもやむなしと思われるかもしれない。だが、消費税と同じように、ルールには表の顔と裏の顔がある。

時価会計の表の顔が、時代遅れの国内金融システムを改革することだとすれば、裏の顔はアメリカ流株主資本主義のエンジン受け入れといったところだろう。

大恐慌以前のアメリカでは商業銀行も証券を扱うことができたため、一九二九年に発生した株価大暴落、いわゆる「ブラック・サーズデー」の際には銀行も多大な損害を被った。

閉鎖された銀行は一万行近くにおよび、金融システムが完全に麻痺することとなった。そこで、リスクの高い証券を経済活動の根幹を担う商業銀行が扱うべきではないという教訓から、一九三三年に銀行業務と証券業務とを分離させるグラス・スティーガル法が制定された。

余談ではあるが、私自身が新卒で入行した外資系の商業銀行は中堅クラスといったところだったが、東京支店は小規模ながらも、系列会社の証券会社が同じビルの同じフロアに入っていた。たとえ小規模の金融機関であっても、このグラス・スティーガル法によって、銀行と証券会社の間にはしっかりと壁が設置されており、行き来ができないようになっていた。

最終的には、一九九九年に制定された金融制度改革法で投資銀行と商業銀行と保険といった業務の垣根は完全に取り払われてしまうのだが、そもそもこうした緩和の動きが鮮明となってきたのは一九八〇年代になってからであった。その結果、金融セクターが拡大、金融商品取引が多様化し、M&A業務が活発化していった。とくにM&Aでは、企業を切り売りするために、企業の現在の価値を端的に示すような指標がどうしても必要となる。

その点、時価会計はまさに「うってつけ」というわけだ。

アメリカでは一九八〇年代後半から時価会計導入の議論が活発になり、一九九三年には時価会計の適用にシフトした。それとともに、投資家は企業経営に対する影響力を強めていった。

時を同じくして、日本に対してアメリカは、日米円・ドル委員会や日米構造問題協議、日米包括経済協議を通じて、日本の金融セクターの自由化や市場開放を強く要求し続けた。そんななかで一九九五年には、日米包括経済協議において「金融サービスに関する日米両国政府による諸措置」が合意に至る。

高田太久吉《たくよし》中央大学教授の論文「日米包括経済協議と金融ビッグバン[*3]」によれば、「金融ビッグバンの実質的な内容は、（中略）その多くが日米包括経済協議の金融サービス合意においてアメリカ側からの要求として取り上げられたものである」とされている。

実際、二〇〇二年の対日年次改革要望書でも、一九九五年以降の日本の対応について、次のように書かれている。

「米国政府は、日本が一九九五年の『金融サービスに関する日米両国政府による諸措置』の着実な実施や、日本版ビッグバン構想の下で今日までに講じてきた措置などを通じ、金融システムを国内外からの競争に開放する上で進展が見られてきたことを歓迎する。金融部門がより効率的で競争力を持つことになれば、日本が潜在成長力を完全に取り戻すに当たり、極めて重要な役割を果たすことになる*4」

すなわち、日本がアメリカとの約束を果たす形で、金融ビッグバンを実施していることを裏づけるものだろう。

▼株主資本主義

金融ビッグバン実施の背景に、このような日米関係の文脈があるとすれば、ビッグバンに対する評価も大きく異なってくるはずだ。

前章で述べたように、一九八〇年代のアメリカは日本の輸出攻勢に手を焼き、「双子の赤字」を抱えていた。そこで、とりわけ一九九〇年代以降、輸出大国から金融帝国へと舵を切っていくわけだが、さしずめ日本版金融ビッグバンはアメリカの金融帝国化の地ならしといえるのではないだろうか。

第五章で詳述するが、先に見た金融サービス合意の一九九五年とは、折しもアメリカが「強いドル」政策へと反転し、世界のマネーを自国に吸い寄せるシステムをスタートさせた年でもある。

いわば、アメリカ流の金融資本主義に呑みこまれる形で、日本は金融ビッグバンを実施し、時価会計導入をはじめとした会計制度の変更もおこなったことになる。そしてグローバル競争に晒《さら》された企業は、「企業は株主のもの」「経営者の義務は、株主への還元の最大化」、そして「雇用は人的資源ではなくコストである」というアメリカ型の思想を受け入れた結果、低成長のなかで短期的な利益を重視する経営が求められることになった。

さらに、二〇〇〇年代に入ると、小泉政権のもとで金融資本主義は本格化していくことになる。たとえば、グループ内企業の黒字と赤字を相殺することができるようになり、大企業にとっては大幅な減税効果を生むこととなった連結納税制度の導入は二〇〇三年であったし、株式配当・譲渡益などの減税が実施されたのも同じ年であった。非正規労働を積極的に導入したのもまたこの時期である。

業績優位で雇用コストは最小限に抑える。そうして得た利益は株主に配当する。そうした意向が最大限に意識されたのが二〇〇〇年代であったといえよう。

▼時価会計を「国内基準」にしてしまった日本

それにしても、金融危機の真っ只中である一九九〇年代後半、金融資産の評価益が激減するような時期に、それに追い打ちをかけるような国際会計の基準を積極的に日本が導入したことについて、そしてグローバル・スタンダードを後生大事に掲げるだけで、国内事情に即した形への見直しをしなかったことについてなど、釈然としない点は多い。

著書『増税が日本を破壊する』（ダイヤモンド社、二〇〇五年）のなかで、菊池英博氏は、デフレや不況のもとで、時価会計を導入した国はどこにもない、と指摘する。氏が二〇〇四年に訪米した際に面会した政府の高官からは、「日本はなぜデフレのときに時価会計や減損会計を導入するのか？　経済規模が縮小して、税収が激減するではないか」と不思議な顔をされたそうだ。

しかも、日本では、時価会計がグローバル・スタンダードだという触れこみから導入したわけだが、「国際基準」をそのまま「国内基準」にしてしまった国は、現在では日本だけだという。

たとえば、かつては日本に時価会計導入を迫ったアメリカ自身が、リーマン・ショック後には、金融機関が保有する有価証券（債券）などの損失の計上を先送りできるように、新しい法律のなかに一時的な時価会計適用の停止を可能とする一文を盛りこんでいるのだ。

リーマン・ショック以降、金融資産が目減りしていくなかで時価会計をしていれば、なにはさておき保有する金融資産を売る羽目になる。しかし、時価会計をやめて原価会計にすれば、決算期ごとに市場変動の影響を受けずに済む。とくに債券の場合は満期保有目的といって、市場での売買を目的とせず、満期まで保有し利息収入だけを受け取ることを目的とすれば、時価会計による評価損は計上しなくて済むのだ。

これまで売買目的にしていたものを、途中から満期目的に変更することを認めろとアメリカが国際会計基準審議会に対して言いだし、そのとおりになったのである。これで、市場で価格がいくら変動しても、これまで持っていた国債を売買目的以外に変更することができ、評価損をださずに利息収入だけをプラスとして計上できる。

かように、国際基準などは一国の都合に合わせて変更されるものなのである。そうでなければ、リーマン・ショック以降、アメリカの名だたる投資銀行などはバタバタ破綻していただろう。

▼景気を上下に増幅させる時価会計の罠《わな》

時価会計ルールは、投資家の行動を短絡的なものにさせるという副作用をともなう。時価がそのまま決算に反映されるのであれば、景気拡大時には上振れの決算となり、景気縮小時には下振れの決算になりやすい。その数字に投資家が短絡的に反応すれば、バブルの熱狂はより過熱化する方向にむかうだろうし、崩壊のプロセスも激化することになるだろう。つまり時価会計は、金融市場に生まれるトレンドを増幅してしまうのだ。

歴史を振り返れば、時価会計は一九三〇年代の世界大恐慌の引き金を引いたことが知られている。歴史の皮肉かもしれないが、新自由主義の思想的牽引者《けんいんしゃ》であるミルトン・フリードマン自身、銀行の保有資産の劣化が恐慌の際に相次いだ銀行破綻の原因になったと分析している。[*5] 保有資産の劣化がなぜ起こったのかといえば、直前のバブル期に多くの金融機関が時価会計を採用していたからといえるだろう。

というのも、実際には売買する前の、つまり利益も損失も確定していない評価額を財務諸表に計上する時価会計は、企業の財務内容をバブルのときは実際よりもよいように見せ、資産価格が下落する恐慌時やデフレ下では実際よりも悪く見せる傾向があるからだ。[*6] 大恐慌前のバブルが弾けた後、連鎖的に銀行が破綻していったのはそのためだったことを、フリードマンの研究は示している。

しかもその反省をもとに、一九三八年にアメリカはルーズベルト大統領のもとで、時価会計を禁止し、原価会計へと会計基準を戻しているのだ。

歴史を振り返っても、時価会計、原価会計を景気状況によって、使い分けてきたのがアメリカである。今も昔も、いざとなれば時価会計を推進していた本人が、時価会計は必ずしも真の姿を映す鏡ではないと、覆してしまうのである。

こうした経緯ひとつをとってみても、海外から時価会計制度の採用を迫られても、景気悪化などを理由に突っぱねる材料はいくらでもあったにもかかわらず、なぜ日本は鵜呑みにしたのか。

ところで、取得原価主義から時価会計にアメリカがじょじょに戻っていくのは一九七五年以降のことだ。喉元をすぎれば熱さを忘れてしまうのかもしれないが、大恐慌の反省を忘れたがゆえに、アメリカがグローバルな金融帝国化を推し進めれば推し進めるほど、バブル生成とその崩壊が繰り返されてきたことは歴史が示すとおりである。

▼本業が赤字でも配当金を配る大企業

時価会計という決算の増幅装置は、企業経営も同様に短絡化させてしまう。とりわけ慢性的なデフレ不況にあっては、たとえ業績回復期であっても、時価会計による下振れリスクを恐れて、配当金や内部留保ばかりに目がむいた結果、人件費は抑制されたままとなりがちだ。また、業績悪化の局面では、損失が表面化しやすくなるため、正規雇用を非正規雇用に置き換えることで、利益の確保に奔走してしまうことになる。

このように、株主資本主義化が進めば進むほど、企業経営側も株価の動向に敏感に反応し、株主への配当を重視するようになるのは当然だろう。

そうしたグローバル・スタンダードの株主優位性をよしとした結果、グローバルに活動の場を見いだしている本邦の大企業も、また株主の一プレーヤーとして多額の配当金を受け取っている状況がある。

たとえばある輸出大企業では、二〇一二会計年度における受取利息および受取配当金は九九八億円と、前会計年度にくらべて九〇億円（一〇・〇%）の増加となった。このときの当期利益は二八三五億円なので、当期利益の約三分の一にあたる額が受取配当金となっている。しかもこの巨額な受取配当金は、「益金不算入」という法人税法の規定によって、子会社や孫会社からの配当金であればほぼ全額が法人税の課税対象外となるのだ。

ちなみに益金不算入の規定とは、ある企業が別の国内企業から配当金を受けた場合、全部あるいは一部が課税所得から控除されるという規定である。[*7]

さらに、この益金不算入を活用すれば、本業での業績が赤字の企業でも、他社の株を持つことで多額の配当金を受け取ることができる企業は、法人税を払うことなく自社の株主に配当金をだすことが可能になる。

つまり、税務上は赤字であるがために法人税を支払わなくて済むうえに、会計上では黒字となるため株主に配当金をだすことができるのだ。大企業はこうした税制上の抜け道を巧妙に活用して、巨額の配当金を受け取りながら、法人税を逃れているきらいがある。

旧来のメインバンク制を土台とした持ち合いとは異なる、新型の「持ち合い」が常習化しているということだ。

つまり、大企業が他社株式を保有し、巨額の配当を受け取っている以上、株主重視の経営や高配当を求めることになる。

事実として、株主重視の経営が慢性化した結果であろう、二〇〇〇年代なかごろまで企業の純利益における株主配当は四割と言われていたが、二〇一二年の四月には約七割にまで上昇している。

▼配当金の原資となる内部留保の拡大

配当金とともに、二〇〇〇年代を通じて急拡大したのが企業の内部留保である。利益剰余金（企業活動で得た利益のうち、配当金などのように分配せず、社内に留保している額）の推移

図7　企業の利益剰余金と平均給与の推移

出典:財務省「法人企業統計調査」、国税庁「民間給与実態統計調査」

を見てみると（図7）、二〇〇一年度には一六七・九兆円であったが、二〇一〇年度には二九三・九兆円まで増加している。二〇〇〇年度とくらべれば、一・五倍強である。

　内部留保は利益の積み増しだが、そのベースとなっている「利益」は現金の形でだけ存在するわけではない。工場装置、土地（有形固定資産）となっているものもある。したがって、バランスシート上は内部留保の額が多くても、実際には企業にそれほど自由になる資金はないという指摘もある。

　しかし、日本銀行の発表する「資金循環統計」を見ると、民間非金融法人企業の「現金・預金」は二〇一二年九月末で二一五兆円となっている。したがってほとんどの剰余金はすぐ換金できるようになっており、設備投資などには回されずに、配当金の原資などとして眠っている状態なのである。

▼トリクル・ダウン論のまやかし

富裕層が富めば、その恩恵が低所得者層にも巡り巡っていくはずだと考えるトリクル・ダウン理論は、アメリカではレーガン政権下で、日本では小泉政権下でよくとり上げられていた。

しかしながら、二〇〇〇年代の景気拡大期においてもトリクル・ダウンが起きなかったことは、本章の冒頭で述べたとおりであり、一九九〇年代後半から一貫して人件費にブレーキがかかっていることからも明らかである。構造改革が中途半端に終わってしまったためにその効果が出てこなかったという指摘もあるが、それについてはかなり疑問が残る。なぜなら、構造改革を徹底すれば株主優位となり、人件費はさらなるコストカットの憂き目にあう可能性が高いからだ。

富裕層や大企業などごく一部の層だけに富が集中しただけで、一般の労働者の賃金に回らない。恩恵がしたたり落ちるどころか、生活困難者や非正規雇用者が増え、勤労世帯の年収も低下する一方である。構造改革が中途半端であったからこそ、それでも現状程度でなんとか収まっているというのが実情ではなかろうか。

「失われた二〇年」のうち、一九九〇年代は一九八〇年代までの資産バブルの後始末として賃金が伸び悩んだとしても、二〇〇〇年代中盤の景気拡大局面でも賃金が抑制された結果、景気拡大の恩恵を一般国民は所得増の形で受けられていない。そのために、一般国民の経済力が減退しているのであれば、トリクル・ダウンを期待するよりも、企業の収益を賃金や雇用拡大に回して、たとえそれが薄いものであったとしても、多くの国民に富を分配したほうが、よっぽど国民全体の経済力のアップにもなろう。

結局、トリクル・ダウン論は富裕層に都合よくルールをつくりかえるための、口実ではなかったのか。

前述のような連結納税制度の創設、株式配当・譲渡益の減税など、そして消費税も含め、富裕者から富がしたたり落ちないようなルールを矢継早につくり上げた結果、中小企業以下の零細企業ではなく、グローバルに事業を展開するような大企業が儲けやすい、そして株主に配当金を配りやすい構造ができ上がっていった。そして、大企業もそれをフル活用した。

東京電力が多額の政治献金をしていたことに象徴されるように、収益を上げた企業からそうした献金を受け取る立場である政治家はより企業優遇になってしまった、あるいは、天下り先を確保してくれるということで、官僚も大企業寄りの姿勢になってしまった可能性は、一切ないと言い切れるだろうか。

▼バブルがきても賃金は上がらない

企業が利益追求をする集団である以上、コストを抑えて、収益を上げることに専念するというのはある程度はわかるのだが、国民に一方的に負担を押しつけるような制度設計をしてまで利益を追求する姿勢については、そろそろ国民全体で見直す必要があろう。

企業自身も、株主資本主義のルール群に浸かりすぎて、富の分配に偏りがあるということを、認識できなくなっているのではないだろうか。

二〇一三年二月、経済団体幹部に対して従業員の所得増を安倍政権が要請したことが伝えられた。実際に、正規雇用者のベースアップをする企業もあるが、それをしない企業側の見解として、日本人の賃金は世界と比較すれば依然として高く、グローバルな競争を展開していくためには賃金の上乗せどころか、カットする必要に迫られている、それが株主からの要望だというコメントが紹介されていた。

世界的な賃金格差があるのは当然でそれは今に始まったことではない。ましてや、企業業績を見れば好転しており、なおかつ内部留保の金額も激増している。こうした様子を見れば、日本企業はグローバルな競争社会で十分収益を上げられる構造になっているわけである。

企業が収益を上げていないのであればなにも申し上げることはないが、きちんと儲けがでているのであれば、それを国内の労働者にいくらか配るという配慮や正当な税金を払うという社会貢献が、日本という場所を経済活動の基盤としている企業ならば、必要なのではないだろうか。

アベノミクスによりたとえ景気が回復しようとも、現状のような株主資本主義のままでは、賃金上昇の見込みは薄い。かつての一九八〇年代バブル期は、狂騒の感はあれども企業の収益が賃金と結びつく回路があった。しかしこれから訪れるバブルでは、今の制度のままでは一握りの大企業と富裕者層のみ、その富を受け取ることとなろう。これもまたバブルの死角以外のなにものでもあるまい。

第四章　失われた雇用と分配を求めて

▼景気回復はすれども所得は増えず

日本の特徴であった長期的に安定した経営は、バブル崩壊と時価会計導入を引き金として、外国人株主などが要求する各期ごとの収益やその収益の多寡によって生じる「配当」重視の経営へと変化した。そして、配当金の急増のなかで、人件費が抑制されてしまったことを前章では説明した。

では、株主資本主義のもとで、国民の富はどの程度奪われてしまったのか、ここであらためて振り返ってみたい。

日本経済は「失われた二〇年」と言われながらも、二〇〇二年一月の景気の谷から二〇〇八年二月の景気の山までの七三カ月間、一九六五年から一九七〇年のいざなぎ景気を超える戦後最長の景気回復期間、いわゆるいざなみ景気を経験した。

しかし、この間の賃金上昇は芳しくない。厚生労働省が発表した「国民生活基礎調査」の概況を見ると、一世帯あたりの平均所得金額は二〇〇二年には五八九万円だったが、二〇〇七年には五五六万円、二〇一〇年には五三八万円まで落ちこんでいる。

ただし、この調査は全世帯が対象であるため、高齢化世帯が増えれば収入がない分、平均所得金額も低下傾向として現れやすいという特徴があろう。

そこで実際に現役で働いている世代、すなわち勤労世帯の所得はどうなっているのかを見てみよう。国税庁が発表している「民間給与実態統計調査」は、民間企業における年間の給与の実態を明らかにするものだが、そちらの調査でも、二〇〇二年に四四八万円だった民間企業の社員（一年を通じて勤務した者）の平均年収は二〇〇七年には四三七万円、二〇一〇年には四一二万円まで減少した。「国民生活基礎調査」「民間給与実態統計調査」の数字で二〇〇二年と二〇一〇年とを比較すると、ともに八％台のマイナスとなっている。

また、総務省統計局の発表する「家計調査」を見ても、勤労世帯における実収入、可処分所得、消費支出がいずれも一九九七年をピークに、減少傾向にあるのが確認できる。

一九九七年は消費税増税時期である。消費税増税をきっかけに国内経済が減退したわけであるが、もし先述のトリクル・ダウン理論が正しいのであれば、いざなみ景気の二〇〇二～二〇〇八年に、こうした調査ではっきり上向いてもよさそうなものである。しかしながら、総じて低下傾向となっているのは、トリクル・ダウンにほとんど効果がなかったことを示すものであろう。

▼労働分配率の低い大企業

さらに、労働分配率の変化を見ると、企業規模ごとに給与支払いの様子が二〇〇〇年代になって変化したことがわかる。労働分配率というのは、企業が事業活動をした結果生みだした付加価値の額に対して人件費が占める割合を表す指標である。

労働分配率（%）＝人件費÷付加価値の額×一〇〇という計算式が示すように、労働分配率が高ければ、人件費の負担が企業にとって大きいということになり、逆に低ければ人件費の負担が少ないということになる。

労働分配率の変化を資本金の規模ごとに確認してみよう（図8）。一九八〇年代後半の景気拡大期には大企業の労働分配率は低下している。一九九〇年代初頭のバブル崩壊直後は、業績悪化のなかでも人件費が維持されたために急上昇し、その後の低成長経済下でも高水準で推移してきた。

しかし、二〇〇一年前後を境に、労働分配率は低下を続けている。二〇一〇年の数字を

図8　労働分配率の推移（資本金規模別）

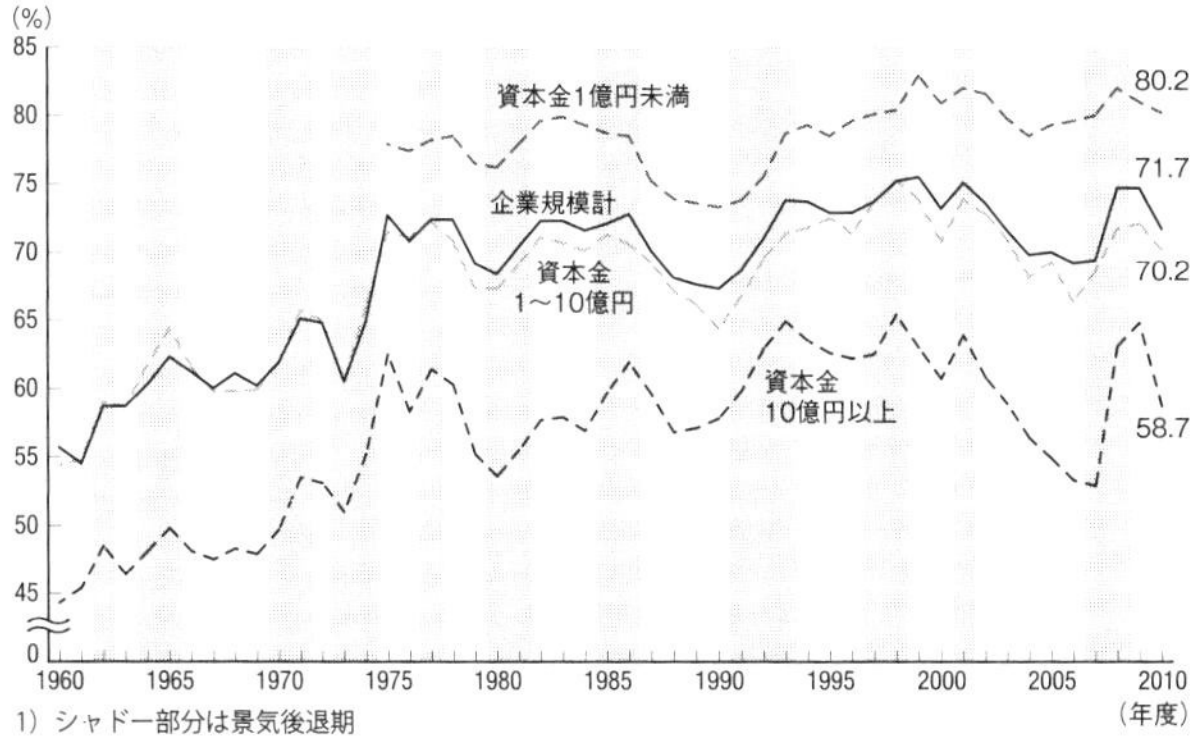

1）シャドー部分は景気後退期
2）労働分配率＝人件費 ÷ 付加価値 ×100（%）
付加価値＝人件費＋営業純益＋支払利息等＋租税公課＋動産・不動産賃借

出典:財務省「法人企業統計調査」（年報）

見ると、全体の労働分配率は七一・七%であるが、とくに注目していただきたいのは企業の規模別の数値である。

資本金が一〇億円未満の中小企業では労働分配率が七〇%台、八〇%台と高いままであるのに、資本金一〇億円以上のいわゆる大企業は五八・七%と極端に低い。中小企業がなんとか従業員に給与をと必死になっているのにくらべて、大企業はかなり雇用コストをカットしている様子がうかがえる。

大企業の論理からすれば、企業収益は景気に直接左右されるが、賃金は景気が悪い時期でも引き下げることが困難であり、たとえ景気がよくなってもすぐに賃金上昇には結びつげず、慎重な経営姿勢を持続させようとする。したがって、景気の拡大期には分配率が下がり、後退期には上がる傾向なのだ、ということになろう。

そうした声に異論はないが、それにしても、前章で見たような巨額な内部留保が蓄積されている割には、ほかの資本金規模の企業をくらべた場合、大企業の労働分配率があまりにも低すぎはしないだろうか、と疑問を呈したくなるのである。

▼雇用の流動化が労働分配率を低下させた

二〇〇〇年代を通じて、大企業の労働分配率が下がり続けた背景には、一連の雇用流動化政策がある。一九九九年に労働者派遣が原則自由化され、以前は専門職のみとされていた派遣が二〇〇四年からは製造業にも解禁となった。こうした雇用規制の緩和を通じて、非正規雇用者は急激に増加した。

厚生労働省発表の「労働経済の分析」によれば、一九八四年は、全雇用者の一五・三％が非正規雇用者だったが、一九九四年になると二〇・三％、二〇〇二年の景気拡大期の直前は二八・七％、二〇一二年は三五・一％と、非正規雇用者の割合は三〇年前とくらべて二倍以上に増えている。とくに、二〇〇〇年代の景気拡大期に三〇％台に定着してしまって以来、微増傾向にある。

しかも、二〇一一年の厚生労働省の調査によれば、有期契約者の七四％が年収二〇〇万円以下という結果も出ている。かつては一五％程度だった非正規雇用者が二倍以上に増加し、その大半が年収二〇〇万円以下という状況であれば、大企業を中心に労働分配率が低下するのは当然であろう。その結果、起きているのが中間層の貧困化なのである。

▼格差の度合いを示す「相対的貧困」

では、日本での「貧困化」はどの程度のものだろうか。

経済状況と一口に言っても、発展途上国と先進国ではまったく違う状況にあるわけだが、たとえばわが国で普通の生活を送るためには、つまり食事をし、生活をし、子供であれば学校に行ったりという、その社会において当たり前と考えられている生活を送るためには、ある程度の所得が必要となる。ＯＥＣＤではそうした当たり前の生活ができているのか否か、その社会のなかでの格差を示す指標として、「相対的貧困」を発表している。貧困度合いを示すものではなく、格差の度合いを示す指標として見るものだが、二〇一三年二月一二日にオバマ大統領が一般教書演説をおこなった際にもこの「相対的貧困」の考え方が登場していた。

「誠実な仕事に対して正当な対価で報いるとき、われわれの経済はいっそう強さを増すものだと理解している。しかし現在、最低賃金で働くフルタイム労働者の年収は一万四五〇〇ドル（約一三五万円）である。税控除が整備されても、こうした最低賃金で働く家庭に子供が二人いれば、貧困線を下回っての生活となる。こんな状況は間違っている」

「相対的貧困」は、国民が得る年収の中央値（平均値ではなく、すべての人の所得を順番に並べたとき、ちょうど真ん中にいる人の値。平均値よりも下回る傾向がある）のさらに五〇％未満の収入しかないことを指す。

この場合の所得とは税金や社会保険料を差し引いた、手取り金額、いわゆる可処分所得を指す。同額の可処分所得であっても、その世帯員の人数が違えば実際には生活を送るうえで差がでてくる。一人暮らしの可処分所得六〇〇万円と六人暮らしの六〇〇万円では生活の余裕度が違ってくる。

それでは、人数が少ないほうが余裕があるのかと言えばそうとも言えず、たとえば可処分所得が一〇〇万円の一人暮らしと可処分所得二〇〇万円の二人暮らしであれば、一人あたりで割れば同じ一〇〇万円の可処分所得にしても、住宅や車など共有して使えるものが多いので、二人暮らしのほうが一人暮らしの生活よりも楽であろう。つまり、単純な可処分所得÷世帯人数では実態を示すような指標とはなりえないということになる。

こうしたアンバランスを調整するために、相対的貧困を考える際には、世帯合計の可処分所得を世帯の人数の平方根で割った等価可処分所得を採用している。一人暮らしの可処分所得一〇〇万円は、等価可処分所得でも一〇〇万円。二人暮らしの可処分所得二〇〇万円は、一人頭で可処分所得を考えれば一〇〇万円だが、等価可処分所得では一四一万円となり、一人で暮らすよりも余裕が出てくる。

この等価可処分所得から計算した中央値の半分に当たる金額が「貧困線」であり、その「貧困線」に満たない人々を「相対的貧困」とする。そして、そこに属する人数を全人口

図9　給与階級別給与所得者数・構成比（2011年分）

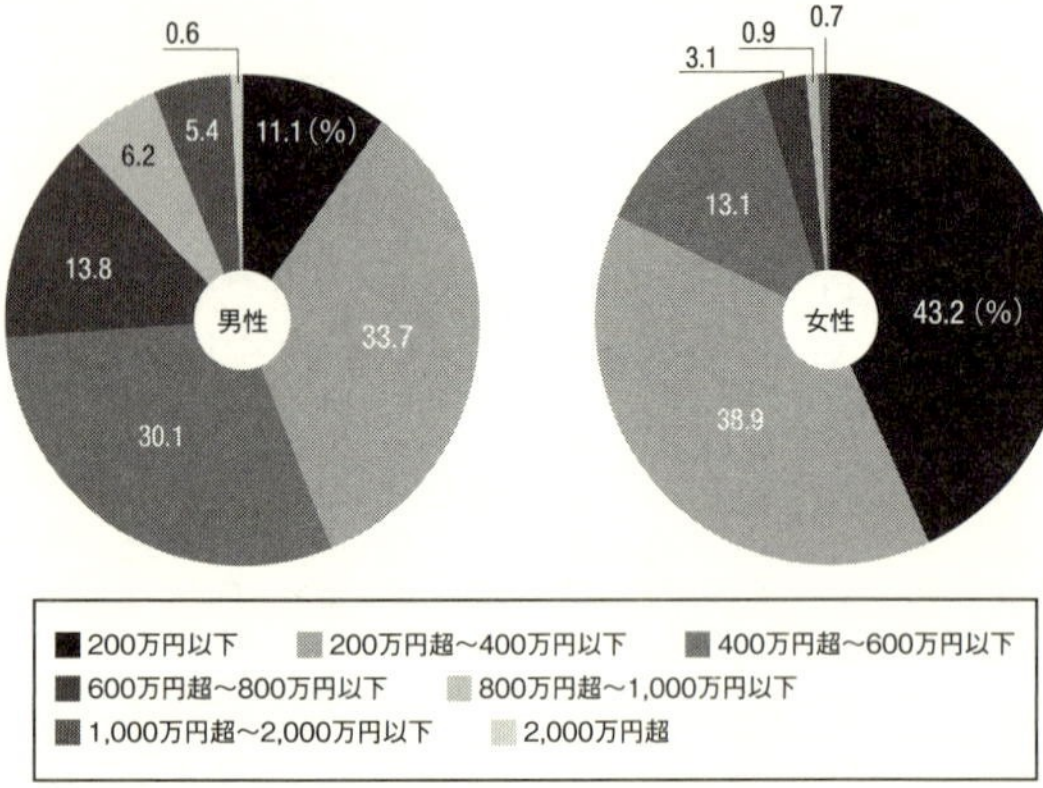

出典:国税庁「民間給与実態統計調査」

の比率から考えた場合に導きだされるのが「相対的貧困率」と呼ばれるものである。

▼格差が如実な日本の子供

厚生労働省が発表している「国民生活基礎調査」によると、日本の場合、二〇〇九年の貧困線は一一二万円（実質値）となっていた。一一二万円に満たない相対的貧困にある世帯員の比率である相対的貧困率は一六・〇％であった。こうした相対的貧困の影響はどこに出てくるのか。

国税庁が発表した二〇一一年分の「民間給与実態統計調査」を見ると、女性の二〇〇万円以下の給与所得者の比率の高さが目立つ。

女性の給与所得者の四割以上となる（図9）。

年収二〇〇万円は税引き後であれば実際にはもっと可処分所得は低くなるわけだが、たとえばシングルマザーで子供二人を抱えているとしよう。二〇〇〇年代の試算では三人世帯で二三八万円以上の可処分所得がなければ、日本では貧困線以下となってしまう。こうした相対的貧困のなかで暮らす「子どもの貧困率」（一七歳以下）は、「国民生活基礎調査」では一五・七％となっていた。

二〇一二年五月末にユニセフのイノチェンティ研究所が先進国における子供の貧困について の報告書を発表したことがあった。日本の相対的貧困率は、経済的先進国三五カ国中九番目に高い貧困率であり、ＯＥＣＤでも一人あたりの年収が高い二〇カ国のなかでは、日本は上から四番目というあまりよろしくない結果がでていた。日本の子供が餓えで苦しんでいるということではなく、同じ社会でありながら、子供の生活に大きな格差があるということを示している。

格差を背負った場合、就労や所得に影響し、次の世代もまた貧困のなかに育ってしまうという「貧困の世代間連鎖」、格差の固定が起こりやすいというのが現代の特徴でもある。

たまたま貧困家庭に生まれたことで本人の能力が発揮できないとすれば、少子化の日本にとっては大きな損失となろう。

▼ゆがんだ日本の再分配機能

こうした格差を是正するために、政府の再分配機能、すなわち、国民から税金や社会保険料を受け取り、それを、年金や生活保護、児童手当などの社会保障給付として国民に返す機能が存在する。

ＯＥＣＤの調査によれば、二〇〇〇年代なかば時点の、再分配前の所得（社会保険料や税金などを引かれる前の所得）と再分配後の所得（税や社会保険料などを払い、あらゆる給付を受け取った後の所得）で計算した子供の貧困率を見ると、ほとんどの国では再分配後のほうが、再分配前にくらべて貧困率は下がっている。ところが、ＯＥＣＤ加盟国のなかで再分配後の貧困率が高くなるという逆転現象を起こしているのが日本なのである。社会保障費として徴収されたはずの消費税は、再配分され国民の手元に回っていくことがほとんどない、それを示す端的な証拠となろう。

また、子供がいる現役世帯のうち大人が一人の世帯（一人親の家庭）の相対的貧困率が五八・七％と、当時の加盟国中もっとも高くなっているのも日本である。ＯＥＣＤ平均が三〇・八％だから突出している。

大人一人で子供を養育している家庭での経済的な困窮の背景には、非正規雇用での低賃金労働の問題があるだろうし、格差を是正するはずの再分配が上手く機能していないこともあるだろう。とくに、社会保障給付は主に年金と医療サービスに費やされており、このままの社会保障制度では高齢者には手厚いが、子供の貧困を加速させる可能性が高い。

▼高齢者優遇が非正規雇用の増加を生んだ

社会保障制度は、雇用とも密接に関わっている。たとえば、正規雇用が減って非正規雇用が増えたのは、正規雇用者を採用するにあたり、企業が負担する社会保障費などのコストが上がってしまったからではないのか、という指摘には説得力がある。つまり、政府は高齢化社会のコストをもっとも転嫁しやすい企業にとりあえず背負わせた結果、それが企業の非正規雇用増につながったというものである。

たしかに、高齢化社会にともない社会保障費の負担が大きくなった、あるいはいびつになったとすれば、ある程度高齢者の社会保障費をカットする、あるいはアンバランスを是正する、という政策が本来なされるべきであった。

ところが、高齢者と若者の投票率でいえば、二〇一二年の衆議院選挙を見ても明らかなように、一説には二〇代の若者の投票率は三〇%台、六〇代以上の投票率が約七〇%とされている。こうなれば、選挙に勝ちたい政治家はどうしても高齢者優遇に重きを置くようになってしまう。

結局は国民の政治参加の意識の低さが、政治家の政策を高齢者寄りにさせ、その負担を企業に強いた結果、企業も負担に耐えかねて非正規労働者の採用という選択に踏み切ったという側面があるのではないか。

非正規雇用問題というと、一般的には経済的な自立を可能とする就業支援策などの充実や強化、経済的支援の拡充が課題となっているが、格差を是正するために社会保障費を最低でも高齢者寄りから中立化させること、それが労働市場での非正規雇用を解消することとなり、じつは現役世代の所得増にもつながるのではないだろうか。

▼働いた者が賃金を受け取れないシステム

個人としての能力や才覚がぬきんでているのであれば非正規雇用だとしても、十分な収入を得ることができよう。ただ、大多数の人間は弱いものである。才能にも体力にも限界がある以上、ほとんどの人は非正規雇用であれば収入はかぎられてしまうというのが実情である、という点を冷静に受け止める必要があろう。

また、雇用される側にも多様な就労ニーズというものがある。個人の問題として、希望した職種につけないので就職しない、あるいはそもそも就労意欲が湧かないといったこともあろうが、こうした個人のミクロレベルの問題は、社会が上手く機能していても、していなくても、いつでも存在しうる。ミクロの問題の解決と、長らく低迷している日本経済全体の根本的な問題の解決とでは、アプローチはまったく別となろう。

そこで本書では、現状の日本社会が抱える本質的な問題の原因に迫るために、よりマクロ的に日本社会、経済を俯瞰《ふかん》して話を進めてきたつもりである。

すなわち、働いた者が応分の賃金を受け取れないシステムになっているのではないか。

あるいはせっかく働いて受け取った所得が、非常に不公平な税制度や会計制度によって徴収されてしまっているのではないか。その結果中間層が疲弊して長らくの景気低迷をもたらしているのではないか、という分析である。

一国の経済にとって、とくに日本経済にとっては、人的資源が最大の資源になるのは、考えてみれば当然のことであろう。資本主義経済では、雇用される側は消費者にほかならない。消費者は受け取った賃金でモノやサービスを購入するのであるから、ごく少数のために多くの雇用者を痛めつけるような政策をとれば、内需は縮小するため、日本経済全体も低迷するのは自明の理である。

現状のままであれば、長期の失業者となったまま、中年になった時点でも定職がない層が増え、生活保護受給者も今後増えていくことだろう。そうしたなかで、サブプライム危機のような、あるいは東日本大震災のような危機的状況に見舞われた場合、中間層は一層没落することとなる。

▼雇用の流動化という誤った処方箋《しょほうせん》

ではマクロな目から見て、雇用の問題を今後どのように考えていけばいいだろうか。格差の拡大をもたらす雇用の流動化は、派遣対象業務の規制緩和によって加速した。そして、それはサッチャー、レーガンに代表される新自由主義的な政策だと説明されるのだが、雇用が流動化していた米英の一九七〇～一九八〇年代と二〇〇〇年代以降の日本とでは状況が違っている。

そもそも米英の新自由主義的な経済政策の目的はインフレ退治にあるので、雇用を流動化させることで人件費を抑制し、デフレ圧力を加えようとしたわけである。安定した雇用を犠牲にする以上、経済政策としてそれが本当に正しかったのかどうかという議論はあるとして、時の為政者が雇用の流動化を考えたのにはそうした背景がある。

しかし、二〇〇〇年代のデフレ下の日本で「インフレ退治」の必要はない。日本のデフレの場合はふたつの側面があろう。ひとつは国内要因であり、もうひとつは国外要因によるる。国内要因は、一九八〇年代後半に発生した資産バブルによって急騰した資産価格の調整である。

一方、国外要因に関しては、グローバル化が進んだ結果、一九九〇年代には先進国同士の価格収斂《しゅうれん》が発生し、二〇〇〇年代からは新興国と先進国の価格収斂によってデフレが進んだ側面がある。

「失われた二〇年」と言われても、いまだに世界の各都市との物価水準の比較でも東京は常に上位にいる。つまり二〇年経過をしてもまだ、新興国との大きな意味での価格の水準訂正は終了していないし、今後もしないであろう。

こうしたグローバル経済の影響によって慢性的なデフレ状態が続くなかで、たとえば、雇用の流動化、すなわち非正規雇用者が増えて賃金は低下するようなことが起これば、デフレがさらに加速することにもなる。雇用の流動化というインフレ抑制のための処方箋を使ったという矛盾がある。二〇〇〇年代に一層の経済停滞をまねく雇用政策をとってしまったのは、まったくの誤りだったというほかあるまい。

▼企業とタッグを組んでしまった労組

さらに雇用の流動化は、労働組合の交渉力を弱める効果も持ちあわせるため、労働力の買い叩きが加速していくことになる。

経団連はもともと、一九四六年八月に戦後の日本経済の再建と復興を目的として発足した経済団体連合会委員会が母体となっている。それと、日本経営者団体連盟（日経連）とが統合したのが二〇〇二年五月であった。「戦後の日経連は、労働組合を前提とした民主的な労使関係のあり方」*1について経営者に啓発する中央機関として設立されたものである。

労使間の対立の収束とともに役割を終えたための統合と言えば聞こえはよいが、非正規雇用者が増えた時代背景と重なることから、正規雇用者と企業サイドは一蓮托生《いちれんたくしょう》、統合は新たな労働力である非正規雇用者やパートタイマーといった労働者層との線引きがされた、その象徴という意味合いのほうがむしろ強い。

立命館大学の高橋伸彰教授は、労働力の買い叩きの状況が戦後の日本においては一九九〇年代後半に至るまで深刻な問題を生じさせなかった点について、

「新規の投資による生産性上昇の成果が、春闘による定期的な賃上げを通して、雇用者に還元されてきたからである。つまり、労働需給の逼迫を背景にして労働組合が企業の利潤最大化の貫徹に歯止めをかけてきた（中略）。逆に見れば、九〇年代後半になって、グロー

バル化を口実にした人件費抑制が、労働組合の交渉力低下とともに非自発的雇用の増加として現れていることが、現在に至るデフレの引き金となっているとも言える[*2]」

としている。

デフレの原因は賃金の低下であるとして、日米欧を比較し日本のみ賃金の低下が続いていると指摘したOECDのデータがよく取り沙汰されるようになった。ストが活発におこなわれている欧米の賃金は上昇、ストがほとんどおこなわれなくなった日本は低下していることから[*3]、労働組合の組織率の低下が賃金低下に与えた影響について、今後あらためてデフレの真の要因としてクローズアップされることとなろう。

そして、「グローバル化を口実にした人件費抑制」が行きすぎた面も無視するわけにはいかないだろう。ヒト、モノ、カネが国境を越えて自由に動き回れるようになれば、市場原理がグローバルな規模で働くこととなり、世界経済全体も効率化する――。海外の安い製品と競争するためには賃金カットもやむなしということで、このグローバル化も、先のトリクル・ダウンと同様に、国内の賃金カットの口実に使われることとなった。

本来は逆に考えなければならない。グローバル化によって、先進国と新興国との価格差が収斂していくわけであるから、価格の高い日本にはどうしてもデフレ圧力がかかってしまう。だからこそ、国内で経済を回すために、デフレ下でも雇用を確保する必要があったし、労働組合を強化させ賃金上昇に努める必要があった。国鉄の民営化などにともない労働組合の団結力が低下しはじめたのが、一九八〇年代後半以降であった。競争原理が働く企業が合理的な行動をとってしまうのはある程度やむなしとしても、セーフティーネットを用意するはずの政府まで、いやむしろ政府のほうが先だってグローバル化や規制緩和、競争原理などと言いだしたのが二〇〇〇年代であった。

▼日本経済の不調の原因は中間層の没落

現在の日本経済の低迷の原因は、デフレでもなければ、企業利益の減少でもない。デフレというのは物価が下がり、通貨の価値が上がるという経済現象を指す言葉で、それ以上でもそれ以下でもない。インフレが好景気を意味しないように、デフレも不景気を意味するものではない。

「結果」として発生しているデフレという現象に答えを求めても、それが「原因」でない以上答えがでるわけはない。むしろ問題は、デフレという言葉が隠れ蓑となって、根本的な原因の究明を遠ざけていることであろう。

日本の大企業はデフレ下においても巨額の内部留保を積み上げ、株主への配当比率が上昇の一途をたどってきたことが示すように、企業利益は減少しているどころか、全体的には増加傾向にある。

デフレで日本人の所得が下がっているのであれば、日本企業の配当率もまた下がるのが当然ではないのか。ところが逆転現象が長らく続いているのである。

繰り返しになるが、本書は大企業が収益を上げることを非難するものではない。大企業には今後も収益を上げ、日本経済の牽引役となっていただきたいと考えているが、その収益源を賃金のカットに求めることは、すでに限界に近づきつつあるのではないかという点を指摘したい。

日本経済が低迷している真の要因は、モノの値段が下がる以上に下落してしまった賃金であり、そうして所得が減少しているなかで一層の負担を強いる消費税などの制度の導入に求められよう。

したがって、今後どれだけ見かけの景気が回復しようとも、雇用状況や賃金の改善がないかぎり、あるいは消費税が引き上げられ一般国民や中・小規模の事業者の負担が増えるかぎり、日本の一般国民は疲弊していくこととなる。今、正規の社員であるからといって安泰ではない。国全体の困窮化によって自分の生活の場が荒《すさ》んでいけば、理想的な住処にはなりえまい。

企業が疲弊しているならともかく、今や巨額の配当金や内部留保の存在は隠すことはできない。大企業同士の株式の持ち合いで多額の配当金を支払う前に、その一部でも雇用の拡大や賃金に回すことはできないものだろうか。そうした企業への要請こそ、政府には最優先課題として、今すぐ着手していただきたい。

中間層の繁栄なくして、日本経済の繁栄もありえない。エネルギー資源の乏しい日本で最大の資源は人的資源をおいてほかにない。この人的資源をコストとして切り捨てたところにこの二〇年の問題の所在がある。ならば、それを見直し、元どおりにすればよい。安定した人間らしい生き方、働き方を「中間層」が取り戻す方向に進むことこそが、日本社会再生へとつながるはずである。

第五章　為替介入で流出した国富

▼国富は国外の強者に流れていた

前章までは、一九九〇年前後から現在にかけて、税制や会計制度など輸出大企業や株主にとって有利な制度が次々とでき上がり、それが労働者の賃金低下と重なったために中間層の衰退という大きなゆがみとして現れていることを説明してきた。

強者優遇の制度変更の数々が国内で着々とおこなわれていったことで、中間層の困窮化が進んでいったといえるだろうが、大企業優遇の制度や消費税の徴収だけであれば、お金がやがては国内へと還元されることにもなり、これほどまでの深刻な一般国民の所得の低下をまねくことはなかったかもしれない。

言うまでもなく、強者は国内だけにいるのではない。「失われた二〇年」を通じて、国民が一生懸命働いて納めた数兆円という単位の税金が、あるいは国民がコツコツと貯めこんだ貯蓄が、あっというまに国外へと流れていってしまった。

そのことを実際に国際金融取引の現場に身を置きながら痛感し、とりわけ為替取引を通じて、国際金融の強者の論理から国富が流出するさまを、まざまざと見せつけられてきた。

これまで見てきた制度上の問題のなかには、じつは集められた日本国民の富を国外へと流出させるスキームが存在する、といえるだろう。

畢竟《ひっきょう》、日本にとって最大の強者とはアメリカのことであるが、本来日本人のために国内で使うべき資産をほとんど無防備なままに主にアメリカへ（あるいは一部欧州などの海外へ）と流し続けてきたことが、「失われた二〇年」の傷を一層深めてしまったのではないか。

そこでこの章では、中間層衰退の国外要因として、日米の金融史にフォーカスを絞って国富の流出状況を考えてみる。

▼安倍政権によるアメリカへの五〇兆円の貢ぎ物？

二〇一二年一一月から一三年一月にかけて、一ドル＝七〇円台から九〇円台まで一気に円安が進み、株価もうなぎ登りに上昇しているさなか、海外の金融情報ベンダーから驚くようなニュースが舞いこんできた。

「日本経済を支えようと円安を誘導するため米国債を買い入れようとしている安倍晋三首

相は、米国債の投資家の中でも米国の無二の親友となりそうだ。

野村証券と岩田一政・元日本銀行副総裁によれば、安倍首相が総裁を務める自民党は五〇兆円に上る公算の大きい外債を購入するファンドの設置の検討を表明。JPモルガン証券は総額がその二倍になる可能性もあるとしている。日本経済は二〇〇八年以降で三度目のリセッション（景気後退）に陥っており、外債購入となればここ四カ月間で一二％下落した円をさらに押し下げるとみられる」

（二〇一三年一月一四日付ブルームバーグ）


この記事で書かれていることは、安倍首相が「日本政府がファンドを創設して米国債五〇兆円を購入しましょう」と検討している、ということである。日本は再び、小泉政権時代の愚を繰り返すのかと嘆息した読者も多いことだろう。

小泉政権は、二〇〇一年から二〇〇四年までの期間、総額四二・二兆円にものぼる大規模なドル買いの為替介入を実施した。日本の為替介入の歴史を振り返ると、二〇〇〇年までの数十年間の累積が四〇兆円であるので、わずか四年で介入金額の累計を二倍にしてしまったことになる。

その後の民主党政権によるドル買い介入の総額も、約一六・四兆円に達した。つまるところ、二〇〇一年から二〇一一年にかけての一一年間で、日本は五八・六兆円ものドル買い介入を実施したことになる。

買ったドルの使い道の内訳は公表されていないが、ほとんどは米国債の購入にあてられていると考えられている。二〇〇一年以降、平均すれば日本は毎年五兆円を超える米国債を買っている計算になるが、これは消費税一年間の税収の半分以上にあたる金額である。

▼ドル買い介入の目的はアメリカの借金穴埋め

第二章で触れたように、かつて米国債の売却を橋本首相がほのめかした直後、国際金融市場が混乱をきたし、その発言からわずか一年後に退陣したという経緯がある。結果、買うのは簡単でも売却するのは難しいのが米国債、というイメージが国民に定着したのは周知のとおりである。

この六〇兆円近いドル買い介入は、いったいなんのために実施されたのか。政府の公式見解は「急激な円高を阻止するため」というものである。

では、円高を阻止するのはなんのためか。円安になることで恩恵を受けるのは輸出企業であるから、結局のところ、政府の回答は「円安にして、輸出企業を助けたい」ということになる。

現実はどうだったか。

小泉政権がドル買い介入をした当時の為替レートは、一ドル＝一〇〇円近辺であった。それから一〇年あまり、円の通貨価値は趨勢《すうせい》的に上がり続け、二〇一一年一〇月、一一月の民主党政権下でのドル買い介入が終わった後も約八〇円であった。つまり、六〇兆円のドル買い介入によっても、円安にはならなかったのだ。

これは、日本が置かれ続けた状況を考えれば、当然であろう。少なくともこの十数年、日本のデフレ脱却は困難とされ、その解消方法について国をあげて侃侃諤諤《かんかんがくがく》していたわけである。先述のとおり、デフレというのはモノの値段が下がり、通貨価値が上がるという経済現象である。

先進各国の経済状況がよければ、海外を目指して経済成長が低迷している日本から投資資金が流出していくことで一時的な円安にはなる。ところが、古くはロシア通貨危機や九・一一同時多発テロなど、最近でいえばサブプライム危機やリーマン・ショックのような経済危機が発生したため、その煽りを受けて減価する各国通貨をよそに、通貨価値がかわらないスイス・フランや、デフレでむしろ通貨価値が上がる円を目指して逃避資金が流れこみ、スイス・フラン高、円高になった。

さらに、ここ数年は住宅バブル崩壊の後遺症で先進各国の経済が低迷し、輸出でなんとか最悪期を凌《しの》ごうと、あるいは経済を牽引しようとして、通貨切り下げ競争をしている状況であった。そのようななかで日本のデフレが継続となれば、為替市場において円安に反転することは難しい。こうした事象は、実務経験をともなわなくとも、多少なりとも経済学をかじり、デフレの定義を知っている者であれば容易に推測ができることであろう。

通貨価値が高くなる、すなわち円高になるのがわかっていながら、それでも減価していくドルを買い続けたのが日本である。結論からいえば、これまでいくら日本政府が為替介入でドル高円安を目指そうとも、根本的な円高が反転することはなく、輸出企業を助けることにはならなかったのだ。したがって、「ドル買い介入は輸出のため」という一般に認識されている政府見解は成立しえない。

底値まで下がったドルを買うならともかく、ひたすら価値が下がり続けるドルを、しかもデフレが深刻化する前の一ドル＝一〇〇円といった高い水準から買い続けたというのは、まさに愚の骨頂と言わざるをえない。こうした状況のなかで、売れない海外資産を増やすのであるから、これでは単に、財政赤字のアメリカの借金を日本からの資金が穴埋めしているだけ、ということになってしまう。自分の資産がわざわざ減少するようなことを政府の専断でおこなうことなど、いったい日本国民の誰が望んだのだろうか。

いや、当時はデフレがここまで長期化するとは思い至らなかったのではないか、と言われるかもしれないが、小泉政権のごとく財政再建を訴え、公共事業費カットを断行すれば、急速に経済活動が縮小することは明らかである。しかも規制緩和によって民間の活力を引きだそうとすれば、競争原理が一層働いて価格は低下を余儀なくされる。

経済成長が見込めないなかで価格下落が進む以上、デフレが深刻化することは避けられない。したがって、一段のデフレの深刻化は予見していたはずだ。でなければ二〇〇一年五月の段階で、小泉首相の所信表明演説における「痛みに耐えて」という発言はでてこないだろう。

▼ブッシュ減税を支えた日本人の四二兆円

小泉政権が四二兆円ものドル買い介入を実施した時期、アメリカ経済の状況はどうだったのか。

財政状況について端的にいえば、ブッシュ政権は、直前のクリントン政権が達成していた史上最高の財政黒字を、史上最悪の財政赤字に塗りかえてしまった、ということになる。二〇〇〇年にITバブルが崩壊、二〇〇一年に九・一一同時多発テロ、そしてイラク戦争と続いたために、景気が悪化するなかで財政支出は増大していったからだ。

そうした最中、経済を下支えするために実施されたのが、ブッシュ政権の二〇〇一年と二〇〇三年の二度にわたる大減税であった。

このような経済の低迷期に一層の歳入減となる減税ができるということは、どこかからその分の財源を調達してきたことになる。お隣の中国とともに、この時期に大量の為替介入をし、米国債を購入したのが日本である以上、小泉政権時代の四二兆円のドル買い介入は、結果的にブッシュ減税のための財源に回ったといえよう。

このブッシュ減税は、当初は二〇一〇年で期限が切れる予定であったが、オバマ政権によって二年間延長し、二〇一二年末まで継続する法案が可決された。サブプライム危機とリーマン・ショックによって、アメリカ経済はさらなる大打撃を受け、減税を延長するために、再びその財源を確保しなくてはならなくなってしまった。

日本が六年半ぶりの大規模な為替介入を再開したのは、二〇一〇年九月一五日。アメリカ上院議会が八五八〇億ドル（約七二兆円）規模のブッシュ減税延長法案を八一対一九の超党派の賛成で可決したのは、二〇一〇年一二月一五日。ドル買い介入を通じて日本からアメリカへと流れた資金が米国債の購入にあてられたのであれば、再度アメリカの穴埋め資金の調達のために日本の国富が使用されたといえよう。

▼安倍五〇兆円ファンドの行く先は？

日本国民が増税を強いられ困窮化してきたこの十数年に、アメリカでは日本の資金によって減税が実施されていたのだから、まったくもっておかしな話ではあるが、長らく継続された減税がなければアメリカ国民の家計の負担は大きくなり、アメリカの個人消費は減退したことだろう。

二〇一二年末のアメリカは、再びブッシュ減税の延長期限を迎えると同時に、国家予算の強制削減がスタートするため、急激な財政緊縮状態に陥る、いわゆる「財政の崖」に直面することになった。

政府予算が削減されれば、公共投資などが減少することにも通じ、景気にはマイナスの作用をおよぼす。仮に「財政の崖」のまま、二〇一三年を迎えた場合には、アメリカ経済は深刻な打撃を受けることが予想されていたのだが、あっさりと収束し、年収四五万ドル以下の世帯への減税も恒久化されることになった。

しかしながら、根本的な問題として、そして現実問題として、アメリカが巨額の財政赤字を抱えていることにかわりはない。

安倍首相が五〇兆円もの米国債購入ファンドを検討しているのであれば、それもまたアメリカの財政赤字のファイナンスに使われることになるだろう。

もちろん、こうした海外投資が収益を上げ日本国民に広く還元されることになるのであれば、異論はない。しかし、これまでの経緯では、米国債からの利回りは国庫に納付されていたとしても、円高によって原資は大幅に毀損《きそん》されてきた。そして、機動的に米国債を売ったり買ったりするわけではないがゆえに、一回投資された資金が戻ってくることもない。これでは日本国民に還元されることを期待しろと言われても無理があろう。

▼政府短期証券残高「見込み」一九九兆円の謎《なぞ》

日本の政府が再びアメリカの財政赤字の穴埋めをしようとしている兆候は、二〇一二年三月末、つまり二〇一一年度末あたりからうかがえたのだが、その話の前に、為替介入のスキームについて一般的な説明をしておこう。

為替市場で米ドルを買うために、日本国政府は円を売る。政府はこの売るための円資金を市場から調達するのだが、その際に財務省は政府短期証券と呼ばれる債券を発行する。

その政府短期証券を買って財務省に円資金を渡すのは、市場に参加している金融機関や生命保険会社などの機関投資家である。金融機関であればわれわれの預貯金が、生命保険であればわれわれの保険料が政府短期証券購入の原資となる。つまり、われわれの資産が金融機関などを通じて為替介入の原資となっているのである。

そして、この政府短期証券は国債の一種であるため、政府サイドから見れば「借金」として計上されることになる。

二〇一一年度末の政府債務の残高合計は九六〇兆円となっているが、そのうちの一一七兆円が政府短期証券である。この一一七兆円というのが、政府・日銀が「ドル買い円売り」の為替介入をおこなったことで発生した政府の借金である。

実際の残高の発表とともに、当初予算が組まれたときに、政府債務残高の「見込み」という形で、翌年度末にどの程度の債務残高となるかも発表されている。つまり、この見込み額を見れば、来年度にどの項目で政府が支出を増やすつもりなのか、把握できるといえよう。

では、二〇一二年度末の政府債務残高の見込み額はどうなっていたか。なかでも政府短期証券の残高はどうだったか。二〇一二年度末の「見込み」（当初予算ベース）では、いきなり一九九兆円まで上積みされているのである。

わかりやすい言葉で言いかえれば、二〇一一年度末の段階で「二〇一二年度は八〇兆円ほどドル買い介入する予算を計上していた」ということになる（その後の補正予算ベースでは、一三二・五兆円まで減らされている)。

アメリカがそのまま「財政の崖」に突入となれば、実質的な増税、財政縮小で経済は低迷してしまう。景気後退を回避するためには、増税をやめるか(ブッシュ減税を再度延長するか)、抑制するはずの軍事費などの歳出削減の手をいくぶん緩めるか、ということになる。当然、そのためには代わりとなる財源の確保が必要となる。

そこで期待されたのが日本のドル買い介入だったのではなかろうか。アメリカからの要請がくれば即時対応ができるように、日本政府は予算の上積みをしたのではなかったのか。

結果的には二〇一二年度に実施された為替介入はなかったが、引き続きその余地は確保されているのかどうか、国富流出の道筋のひとつであると認識して、二〇一三年度末の政府債務残高の見込みの内訳を確認する必要があろう。

▼アメリカの借金棒引き政策

日本が米国債を購入した際に、利息は受け取れるからいいとしても、原資が毀損するという点について先ほど触れたが、ここでもう少しその詳細に踏みこんでいきたい。

図10　ドル円レートと為替介入金額

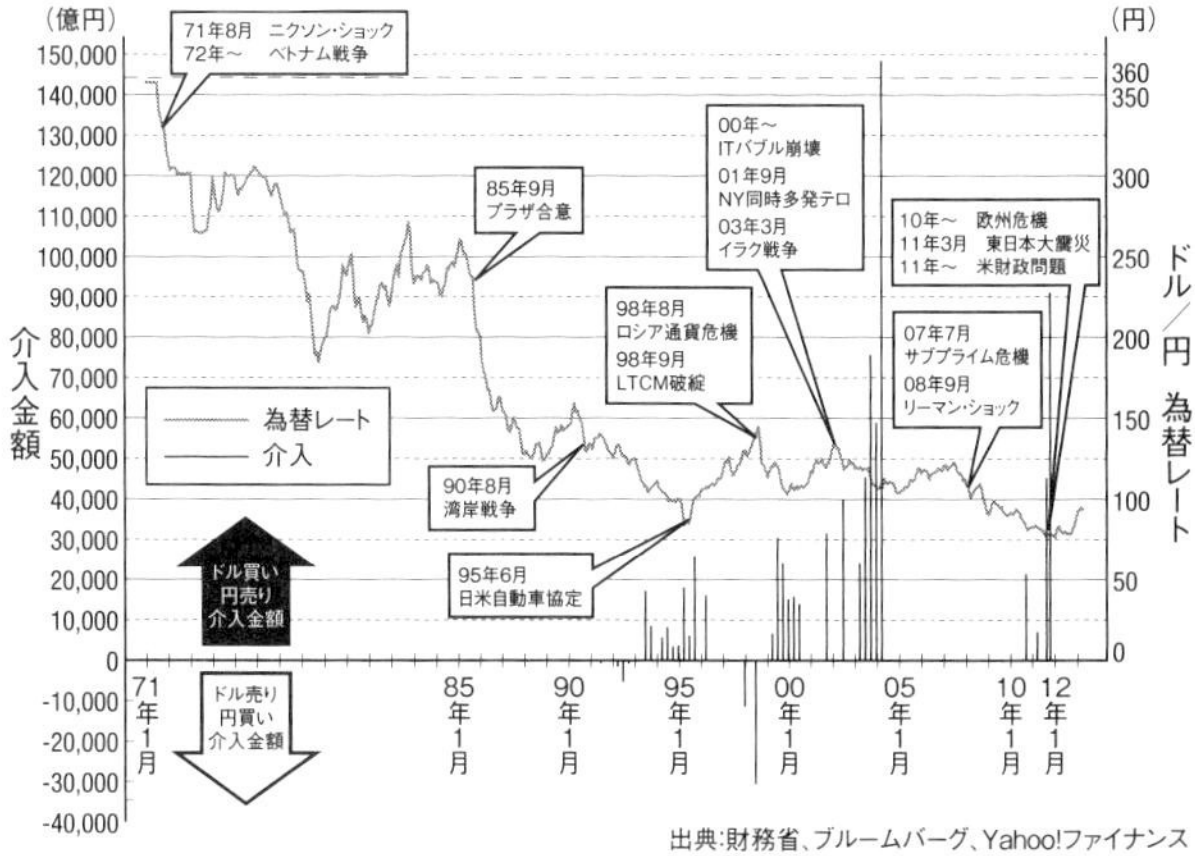

出典:財務省、ブルームバーグ、Yahoo!ファイナンス

図10は、変動相場以降のドル円為替レート、日本の為替介入額、そして経済事象を示している（為替介入額については一九八九年以前の分は公表されていないので、書きこんではいない）。

為替レートとアメリカの財政赤字の関係には一定の法則が見いだせる。

たとえば、一九七一年に金兌換停止を発表して以降、外国為替市場ではドル安円高が進んだわけだが、アメリカの財政収支の赤字は、一九七〇年代初頭まではおおむね対GDP比で一～二％以内にとどまっていた。ところが、一九七〇年代中盤からは三～四％へと拡大している。この財政収支の悪化は一九七二年から激化したベトナム戦争の戦費調達のためだった。

一九八〇年代に入って、アメリカの財政赤字は対GDP比で四〜五％で推移するが、一九八五年のプラザ合意時には、レーガノミクスで膨らんだ財政赤字と莫大な貿易収支の赤字を抱えた、いわゆる「双子の赤字」が顕在化した。アメリカが、よその国に資金を貸し出す債権大国から、借りる側となる債務国に転落したのもこの時期である。

最近ではサブプライム危機の際に、たとえば経営危機に陥った、ニューヨークに本拠を置く保険会社ＡＩＧ（アメリカン・インターナショナル・グループ）に多額の公的資金を投入し、経営破綻の淵から救済、市場の混乱を力ずくで抑えこんだという経緯がある。したがってこの時期に財政赤字が一段と拡大したのは言うまでもない。

こうした財政収支の悪化のタイミングと為替レートを図10のように併せてみると、非常に大まかにではあるが、アメリカの財政収支が改善している時期はドル高となり、財政赤字が増えるような経済事象が発生すると、その後為替市場ではドルが減価することがわかる。

つまり、ドル高の局面では自国の赤字をファイナンスするために、海外からアメリカへと投資資金を呼びこみ、その後通貨制度の一方的な変更を実施することで、あるいはアメリカ発のバブルが崩壊することでドルが急落するというのが、これまでのアメリカ経済とその通貨戦略の歴史である。

相場の世界はゼロサムである以上、誰かの儲けは誰かの損失となる。そしてこの相場取引の基本的な仕組みは、個人同士でも国家同士でも同じである。

ドル安が進めば、アメリカにとってはドルで借りている借金を目減りさせる効果が生まれてくる。一ドル＝二〇〇円で買った米国債が、ドル安で一ドル＝一〇〇円になれば、元本だけを考えればアメリカにとっては借金が二分の一になる。

逆に、米国債を購入している日本人のわれわれからすれば、二〇〇円返ってくると思っていたものが一〇〇円にしかならないので損失ということになる。

アメリカにとっては、海外から資本を呼びこみながらドル高にし、借りるだけ借りたところでバブルの崩壊や金融危機が発生することによって、一気にドル安に転じさせることができ、結果的に借金を棒引きにさせる効果が生まれてくる。

ニクソン・ショック以降、ドル円の為替レートは一ドル＝三六〇円から一ドル＝七五円まで四〇年かけて低下してきた。アメリカの儲けは貸し手にとっては損失である以上、ドルを購入しアメリカにお金を貸し続けてきた日本は、マネー戦争に引きずりこまれ、ひたすら国富を奪われてきたことになる。

▼ニクソン・ショックとプラザ合意の真実

こうしたマネー戦争の発端は、ニクソン・ショックから始まったといえるだろう。第二次世界大戦後のドルを基軸通貨とした金本位制のもと、一九六〇年代に消費大国と化したアメリカでは、貿易赤字の拡大によって金の備蓄が減少し続けたのは第一章で述べたとおりである。金本位制では、使ったドルの分だけ金が減っていく。金の目減りを止めるために、金とドルとのリンクを外し、流出を防いだのがニクソン・ショックである。金とドルの交換自体をやめてしまえば、手持ちの金を減らすことなく、借金体質のままでも消費をすることが可能となる。

しかし、金兌換を停止したからといって、アメリカの貿易収支が改善するわけではない。金本位制であろうが、変動相場制であろうが、基本的には自国でモノをつくって海外に売らなければ貿易黒字にはなりえない。アメリカが消費体質から脱却したわけではないため、金本位制を停止した後も、「貿易赤字」と「財政赤字」という双子の赤字にアメリカは悩まされ続けることになる。

とりわけ一九八〇年代は日本やドイツの対米輸出が急伸した時代だ。こうした状況を背景に、レーガン政権下の一九八五年九月、アメリカの財政赤字を目減りさせることを目的としたプラザ合意が発表された。つまり、各国の協調介入による強制的なドル価値の切り下げである。

このプラザ合意の目的は、ドル安になればアメリカでは輸出が増え、輸入が減少するため、アメリカの貿易収支改善にあったといわれている。

しかし実際には、アメリカの輸出を伸ばすというよりも、急激で大幅なドル安円高にすることで、アメリカの赤字が実質的に減ったことのほうが意味としては大きかった。

そして、その後数十年にわたって趨勢として円高が継続することによって、「円高は悪」をうたい文句に大量のドル買い介入を日本にさせることもできた。

したがって、ドル安による貿易への直接的な恩恵というよりも、日本にアメリカのファイナンスをよりさせやすくなったことのほうが、アメリカにとってのドル安は意味が大きかったのではなかろうか。

プラザ合意やその他の急激なドル安の進むステージは、赤字のアメリカに日本から資金を還流せよ、というメッセージが託されているようである。そして、二〇〇〇年代以降はとくに、ということになるが、そのメッセージに呼応するかのように、日本では大量のドル買い介入が実施されてきたのだ。

▼新帝国循環

日本が対米輸出で儲けた黒字を、アメリカの財政赤字を埋めるためにアメリカに還流する。こうした資金の流れを神奈川大学教授であった故吉川《きっかわ》元忠氏は「新帝国循環」と指摘した。*1

吉川氏の言う「帝国循環」は、一九世紀後半から第一次世界大戦前までのイギリスの「ビクトリア循環」を指している。イギリスは植民地を中心とした貿易取引、あるいは海外投資を通じて、当時の国際金融市場の基軸通貨である英国ポンドを世界中にばらまき、その後、海運収入などとして自国に還流させるという構造をつくりだした。七つの海の覇権を掌握したことで、貿易取引でも資金取引でも世界最大のプレーヤーとして君臨していたわけだが、後発国へ貸し出しや回収をおこなうにしても、各地で貿易取引をおこなうにしても、すべてポンド建てである。

その後、第二次世界大戦を境に国際金融市場の中心に躍りでたのが、国土が戦火をまぬがれ戦争特需に沸いた当時の新興国のアメリカであったわけだが、覇権の移行にともない、世界の貿易取引、金融取引の主要通貨もまた、ポンドからドルへと変遷していった。

ところが、そのアメリカも債権国としての立場は一九八〇年代に早々と終わり、あっという間に債務大国となった。その赤字の穴埋めをしたのが、主に対米貿易黒字を叩きだした日本である。

以降、世界最大の債権大国として日本は大量の資金をアメリカに流入させる中心的役割を担うことになった。アメリカは赤字以上の投資資金を呼びこみ、余剰資金が生じるとそれを今度は海外へ投資し、それによって収益を上げるという構造にもなった。

イギリスの場合もアメリカの場合も、債権大国であったときは海外への資金を貸し出す際には、時の基軸通貨たる自国通貨を使用していた。

ところが、日本は世界最大の債権大国になってもなお、自国通貨である円で相手国に貸し出すわけではなく、ひたすらドルで取引をおこなったのである。

借金をする側とされる側であれば、いつの時代でも、世界中のどこであってもお金を貸す立場のほうが強いはずなのであるが、こと日米関係においては、資金を貸す側の日本が借りる側のアメリカの通貨に合わせるという、非常に奇異な、いわば逆転現象が発生してきたのである。

▼日本のバブル崩壊で流出した国富

日米同盟を維持していく以上、日本経済は否応なしにアメリカの通貨戦略、あるいは経済戦略に巻きこまれていく。それゆえ、今後の日本経済の行方は、日本の中間層が隆盛するかどうかも含めて、アメリカの経済政策運営にかかっているといえるだろう。

そこで、これから先のアメリカ経済の分析を進めようと思う。

その前にもう少しだけ、プラザ合意後から現在に至るまで、急激な円高で巨大な為替差損が発生したにもかかわらず、日本からアメリカへの資本流入が止まらなかった点について考察を進めてみたい。

たとえば生命保険会社などは、一九八〇年代に資産運用の様相が様変わりしている。一九七〇年代の高度成長期までは、生保の運用は企業への貸付である財務貸付と株式という国内運用が主流だった。具体的な数字を見てみよう。一九七五年度末における生保総資産に占める海外有価証券の比率は〇・一％にすぎなかった。

ところが一九七七年あたりから外債投資が増え始め、とくに一九八〇年代になってからは伸びが著しく、一九八八年度末には生保総資産における海外有価証券の比率は一八・四％までウエイトを占めるようになった。また対外投資においても、金額でいえば、一九七五年度末に三四億円にすぎなかった外国債券が一九八八年度末には一一兆円まで拡大した。[*2]

こうした外債投資拡大の背景として、まずは一九八二年の時点で、米国債の金利（一〇年物国債）が日本のものよりも上回るという日米金利差の逆転が起きて、投資にはずみをつけたことがある。この時期を境にいわゆる「財テク」と称した海外の高金利を狙《ねら》った運用増の様子がうかがえる。そして一九八〇年代前半までは為替も円安水準で推移していたこともあって、為替リスクを意識せず、外債投資が増えていったのは理解できよう。

▼資本移動の自由がもたらしたもの

なぜ、これほどまでに生命保険会社は外債投資に積極的だったのか。その最大の要因としては大蔵省(当時)による制度変更があった。なかでも先物為替取引における「実需原則」という資本移動の規制が、一九八四年四月の外為法改正によって、ほぼとりのぞかれた意味は非常に大きい。

それまでは、投機を目的とした先物為替取引は規制され、貿易など実体のともなう取引に付随する為替取引だけが自由とされてきたわけだが、実体取引の有無と関係なく、自由な先物為替取引が可能になったのだ。

以降、金融自由化にともなって、機関投資家に課せられていた外国証券投資に関する諸規制や手続きの緩和、簡素化が図られることになった。

また、生保各社でとり決めていた外債投資自主規制枠も、一九八二年までは、外債投資は増加資産の五%以内だったのが、一九八三年には二〇%以内、一九八六年には四〇%以内まで段階的に広げられ、それと同時に一段と外債投資が活発になっている。*3

バブル全盛期のころになるが、日本の生命保険会社は欧米の市場関係者から「ザ・生保」と総称されたことがあった。グローバルに運用をしていた資金の巨額さから、多少の皮肉もこめて揶揄《やゆ》されていたのだが、いかに世界の金融市場を席巻していたかを象徴するものであろう。

ところで、海外の高金利を狙った投資はよいとしても、一九八五年はプラザ合意が締結された年である。以降は急激にドル安円高となり、それから一年半の間に、為替レートは一ドル＝二四二円から一ドル＝一四五円と約四〇・一％も円高となったため、生保の外債投資も巨額の差益損益を被ることとになり、それが社会問題になったこともあった。巨額の損失を抱えこんでもなお、バブル全盛期には一九八〇年代前半を上回る外債投資を生保はおこなっていたのだ。それを可能としたのは、国内株価の上昇による巨額の含み益の存在であった。海外投資の損失の補塡《ほてん》に十二分にあてることができたのである。

しかしながら、バブル崩壊以降は株価の下落により含み益どころか、株式投資で損失が発生することとなった。保有する資産の劣化で経営の屋台骨が揺らいだために生保の破綻・業界再編へとつながっていった。

一九九〇年代に生保の破綻により掛け金が戻ってこない、保険金の受け取り額が少なくなるなどのニュースが連日流れていたのをご記憶の方も多いと思うが、この破綻によって既存の保険契約の予定利率を引き下げることが可能となった。

誰かの損失は誰かの得。国富の流出というひとつの側面から考えれば、高度成長期に蓄積した日本人の富を一九八〇年代を通じて海外へと流し、一九九〇年代以降バブルが崩壊して、たとえば生保などが破綻した際に、ない袖は振れないとばかりに保険金を契約者に払わなかったとすれば、生保を通じて海外へと流れた資金の一部はそのままになってしまったということになる。

▼ルービンの「強いドル」政策とジャパン・マネー

生保の例が端的に示すように、資産バブル崩壊により、一九九〇年代になると日本の状況は一変した。生保などの機関投資家は株式の含み益という対米投資の為替リスクのバッファーを失ったために、一九九〇年代前半に日本からアメリカへの資金環流は細っていった。こうした日本から海外への新規の対外投資の減少、あるいはバブル崩壊によって、機関投資家が海外資産を撤収していたこともまた、円高の流れを加速させた要因のひとつであろう。

また看過できない経済以外の要因として米ソ冷戦の終結がある。ソ連という共通の敵が消えると、共産圏の防衛ラインとしての日本の役割は終焉《しゅうえん》を迎え、アメリカにとっての「経済的脅威」と認識されるようになったのではないか。

一九九三年に登場したクリントン政権になると、日米自動車交渉など貿易摩擦問題が顕在化し、アメリカは円高攻勢をかけ、一九九五年四月には、一時的とはいえ戦後初めて一ドル＝八〇円を割りこむ水準にまでなった。

一九九〇年には一ドル＝一六〇円台も見た為替レートが急激に円高に進んだことによって、すなわち米ドルの価値が五年で半分になったことによって、日本が保有していた対米資産もまた半減することとなった。

グローバル展開が可能で、円高の影響を最低限にとどめることができた一部の大企業を除いて、コスト転嫁が難しい日本の製造業、とくに中小零細企業は打撃を受け、日本経済は甚大なダメージを被ることになった。

ところが、一九九五年に日米間の資金の動きは急変した。再度日本からアメリカへの資金流入が増加に転じたのである。

その背景にあるのは米財務長官の交代だ。円高ドル安を推し進めてきた通商強硬派のロイド・ベンツェンが退任し、ゴールドマン・サックス出身で金融市場重視派のロバート・ルービンが財務長官に就任した。

ルービン長官によってアメリカは、投資を促し、株高を誘導するためにドル高政策に転じたことは周知のとおりである。その結果、一ドル＝七九円七五銭という円高をピークにして、それ以降はドル高トレンドが続くことになる。ルービンは一貫して「強いドルはアメリカの国益」を主張、折しも発生したＩＴ革命によって、投資資金をアメリカ内へと流入させるのに成功したのである。

そしてここでも、再度日本政府から海外投資を促すような政策変更が実施されている。

日本側では榊原《さかきばら》英資《えいすけ》氏が旧大蔵省の国際金融局長に就任すると、アメリカと協調介入を実施し、同時に「円高是正のための海外投融資促進対策」を打ち上げた。これは、規制緩和を通じて機関投資家の対外貸付および外債投資を促すものであり、公的な金融機関による対外資金協力の推進策でもある。

そして同時期に日銀が金融緩和政策（一九九五年七月と九月の利下げ）を実施したことで、再びアメリカは日米金利差、制度変更から巨額のジャパン・マネーを引き寄せることができたのだ。

「こうして日本はアメリカの資金循環の回路に組み入れられ、ジャパン・マネーが巡りめぐって日本が買い叩かれているというのが、二十世紀末から現在に至る構図」[*4]であると前出の吉川氏は指摘している。

▼アメリカ金融帝国の完成

ルービンは「強いドル」すなわち強硬なドル高政策をとり、世界中から投資マネーを呼びこんだ。アメリカはこの投資マネーを運用することによって、貿易赤字、経常収支赤字が膨らんでいっても利益を出せる仕組みをつくりだしたのである。こうした「新帝国循環」の時代を本格的に迎えたのが一九九〇年代以降ということになろう。

その後のＩＴバブル、住宅バブルは、まさにアメリカ金融帝国システムのなかで生みだされたものであるが、ＩＴバブルが崩壊すればその後小泉政権が大量にドル買い介入し、住宅バブル崩壊後はバトンタッチした民主党政権が介入を再開するなど、日本はいつの時代もせっせとドル買い介入によって米国債を購入し、財政悪化の穴埋めにいそしんでいたわけである。

こうした状況に鑑みると、大蔵省も、財務省になってからも、アメリカのファイナンスを助ける以外に、日本は独自のマネー戦略を持っていなかった、あるいは持てなかったのか、と考えざるをえない。

累計一〇〇兆円以上にのぼる政府短期証券という名の政府の借金は、四〇年間に積み重ねたドル買い介入の結果であるが、ここであらためて強調しておきたいのは、この為替介入で使われているお金は日本の国民の資産だということである。

▼ドル買い介入は日本に益をもたらしたのか

度重なるドル買いの為替介入は日本にとって益をもたらしたのか。

先にも述べたように、一九七一年、アメリカが自国のドルと金との兌換を停止してから二〇一二年に至るまでの期間、一ドルは三六〇円から七五円まで円高が進んだ。二〇一三年四月現在でも一ドルは九〇円台である。一ドルという借用書があって、それを差しだせば、かつては三六〇円をもらえたものが、今や九〇円しかもらえない状況となっている。

もちろん、米国債には三%、四%という今より高い利息がついていた時期があるので、その利息収入があり、買ったドル資産がまるまる損になっていると言うつもりはないが、元本が大きく目減りしていることは確かである。

日本では為替介入の正式名が外国為替平衡操作といわれるように、本来、過度な為替の動きを安定させる操作である。急激な為替変動を抑えこむ、そういう意味での介入であれば理解もできよう。であるならば、急激な変動が収まった際には、つまり円高のスピードが止まり、円安に転換した際には安く買ったドルを売るという作業をするべきだろう。

しかし、最近の例でいえば住宅バブルが弾ける直前の二〇〇七年、ドル円レートは一ドル=一二四円まで上昇した際にも、日本政府は一ドル=一〇〇円近辺で購入したドルを売るようなことはしなかった。当時は、ミセス・ワタナベと称された日本国内の個人投資家による、ＦＸ（外国為替証拠金取引）を中心とした小口の円売りが大挙したために、ひたすら円安となったステージである。金融関連の国際会議の場でもこのミセス・ワタナベによる円安が議論の俎上《そじょう》にのるぐらいであったのだから、海外からのプレッシャーを避けながら保有するアメリカ資産の一部だけでも売る、絶好のチャンスであったはずだ。

しかし、それをしなかったということは、購入したドルを売る気が日本政府にはほとんどない、と見てよいだろう。

急激な円高が進めば日本が保有する海外の資産価値は減価するだけである。円高で苦しむ企業を助けるという大義名分で実施されてきたドル買い介入だが、すでに述べたように、円高の動きもこの四〇年間止められなかった。多少の乱高下はあるとはいえ、円高傾向に歯止めがかかるわけでもなく、買ったドルを売るわけでもない。

国民の資産を為替リスクに晒すということから、アメリカなどでは為替介入に対する議会の目は非常に厳しい。

二〇一〇年、スイス国立銀行がスイス・フラン高を抑える目的で、スイス・フラン売り、ユーロ買いを大量に実施したことがあった。ところがその後もスイス・フラン高が続いたために、為替介入による巨額の差損が発生。スイス国内では国益に背く行為としてこの介入が大問題となったことがあった。

ひるがえって日本政府のドル買い介入は、第一に目減りするだけの米国債を買っていること、第二に二〇〇〇年代以降は資産価値が上がった局面でも売る気配がないこと、第三に一国での為替介入による円高是正には限界があるにもかかわらず大量のドル買い介入を続けたことという三重の意味で国益に背く行為だったといえるだろう。

▼為替介入で円安にできない理由

そもそも為替介入が一時的な作用しかおよぼさない理由として、あまりにも為替市場が巨大であることがあげられよう。

外国為替市場の取引量というのは、東京市場だけでも一日三〇〇〇億ドルの取引がある。一ドル＝九〇円とすれば二七〇兆円となる。それに対して一回に投入される介入資金というのは多くても数兆円であるから、規模が格段に違う。一滴で大海の市場を動かすほうが無理である。

したがって、アナウンスメント効果はあったとしても、実際に動いているマネーの量で考えれば、効果が一時的なものにとどまるのは歴然としている。

過去一〇〇兆円を超す為替介入は、その原資が政府債務である政府短期証券を発行して集めたものだからという理由により、俗にいわれている国の借金一〇〇〇兆円のなかに加えられてしまっている。

政府短期証券という負債の裏側には米国債という資産があるわけで、負債だけをとり上げるのは、資産と負債をつりあうようにするというバランス・シートの考え方からすれば、まったくおかしな話なのであるが、一方的に一〇〇〇兆円で大変だ、負債が増えたので消費税率をアップすべし、と政府は言う。

本来ドル資産と政府債務という円の負債でバランスがとれているわけであり、あえて政府債務だけをとり上げて借金と騒ぐのはおかしな話であると承知したうえで、とにかくこれ以上政府の負債額を増やしたくないのであれば、今後為替介入などはやめればいいだけのことである。

二〇一三年二月末の日本の外貨準備高は一兆二五八八億九〇〇万ドルと公表されている。

あえて極論をいえば、今すぐ保有するこの外貨準備を売れば一ドル＝九〇円として一一三兆円になる。単に政府の負債額が減りさえすればよいと思うのであれば、一一三兆円分は減らすことが可能であり、消費税引き上げをせずとも財源は確保できよう。

第一章で述べたように、消費税率を上げたとしても、輸出大企業を潤すだけで、中小零細企業は価格に転嫁できずにますます経営は困難となる。日本の企業の九割以上を占め、全雇用者の七割以上を抱えているのが中小以下の企業である。大企業とは違って雇用確保に努めてきた中小以下の企業が疲弊することによって、中間層や低所得者層の生活にも大きなダメージを与えることになる。その結果日本全体の需要が縮小するという悪循環をこれまでも繰り返してきた。

消費税五％の現在、税収は年間一〇兆円程度で推移している。たとえば民主党政権時代の一六兆円にのぼるドル買い介入は、わずか八日でおこなわれ、介入を実行していた実質的な時間としては二四時間もかかっていないはずだ。

消費税は一年間、国民から広く集めてようやく一〇兆円であるのに対して、為替介入はわずか二四時間で一六兆円もの椀飯《おうばん》振舞いなのである。こんなことを続けているかぎり、いつまでたっても財政再建が実現するはずがない。

▼日本＝輸出大国というプロパガンダ

小泉政権以来の巨額のドル買い円売り介入は、表向きは極端な円高の是正だが、その前提にあるのは「円高は悪」という認識である。とりわけありがちなのは、「日本は輸出大国であり、円安を維持し、輸出企業を守ることが日本経済の命綱だ」というものだ。

しかし、じつは日本の経済活動のなかで輸出入が占める割合は低い。それを見る指標として、GDPに対する輸出入額にもとづく「貿易依存度」がある。二〇一一年時点での輸出依存度の低い国はアメリカ九・八％、ギリシャ一〇・二％などがあり、一四・〇％という日本も輸出依存度の低い部類に入っている。この輸出比率一〇％台というのは最近の傾向ではなく、一九六〇年から現在まで同じような水準で推移しているのである。したがって、輸出産業の裾野《すその》の広さを否定するつもりはないが、一方的な「日本が輸出大国である」という主張は行きすぎであり、真相は国内の需要にGDPの八割以上を依存してきた内需大国ということになる。であるからこそ、内需を冷えこませる消費税のような政策を、しかも景気が低迷しているときに実施するのはおかしい。

さらに、日本の輸出入の比率で輸出が圧倒的に多いのであれば、円高は悪、ということになろうが、輸出と輸入の比率はほぼ均衡しているため、円高であれば輸入企業が儲かり、円安になれば輸出企業が儲かるので、全体としては為替の影響は相殺されるはずである。にもかかわらず、円高へのネガティブな反応が多すぎるのである。

▼円高でも大企業の業績は悪化していない

前にも述べたが、資源のないわが国では輸出企業は同時に輸入企業でもある。柔軟な企業の対応もあり、実際にこれまで、円高に進んだからといって企業の売上高は必ずしも減少していない。

たとえば、「法人企業統計」の企業の売上高とドル円の為替レートを重ねてみると、為替レートが円安から円高へと反転する段階では売上高は減少している。急激な円高が進めば、輸出品を米ドルで決済する際に受け取る円価が急減するので、最初はマイナスのインパクトがでてくるという考え方もあるが、それよりもむしろ、たとえば住宅バブルが崩壊した後のように、海外の景気悪化によって単純に売上が落ちたという要因のほうが多いだろう。つまり、為替レートの水準の問題ではなく、海外の経済要因で売上が落ちたということだ。

むしろ、円高のピークにむかう途中からは売上高がいずれも急回復している。円高が継続すれば安く資源や原材料を調達できるわけであるから、企業業績にプラスの作用をおよぼすことにもなる。

▼量的緩和のマネーもまたアメリカへ流れていった

さて、ここまではドル買い介入に焦点をあてて、いかに日本がアメリカのファイナンスを為替介入の名のもとに続けてきたかを説明してきた。

しかし、アメリカの財政赤字を穴埋めしたのは、ドル買い介入資金だけではない。二〇〇〇年代前半の小泉政権の時期、ＩＴバブル崩壊後の深刻なデフレからの脱却を目的になされた量的緩和政策もまた、結果的にはアメリカへとマネーの流れる状況をまねいた。

世界に先駆けて大量の量的緩和政策が続けられた時期に起こったのが、マネタリーベースは伸びても、マネーストックは伸びないという現象である。

マネタリーベースというのは、各国の中央銀行から直接金融機関に供給されたお金の総額を指す。具体的には現金通貨（紙幣とコイン）、そして各金融機関が中央銀行に持っている当座預金の合計額である。中央銀行が資金を供給すればマネタリーベースは増えるが、それだけでは金融機関の口座に資金が貯まるだけで、実際にわれわれの手元に回ってくることにはならない。供給した資金がどれだけ市中に出回っているのかどうか、それを見るのがマネーストックである。

二〇〇〇年代、大量の量的緩和が実施されたのにもかかわらず、マネーストックすなわち実体経済でのお金の伸びがなかったのはなぜなのか。

それは、金融機関が本業である民間への貸し出しを減少させていたなかでの大量の資金供給だったために、金融部門だけに資金が貯まって、非金融部門に流れなかったからである。

つまり、どんなに水道の蛇口をひねって水をだそうとしても、水がせきとめられてしまっていて、蛇口から水がでてこないようなものだ。これでは中央銀行がいくらお金を流しても実体経済へと流れない以上、景気が低迷したままなのは当然である。

もうひとつ日銀からの資金供給を実体経済に流す方法がある。それは金融機関が日銀から供給された資金を使って国債を買うことで、政府にお金が渡り、政府が公共投資などを発注することで民間へとお金を流す、という方法である。しかし、財政を健全化させなければならないという理由で、政府の財政支出も切り詰められたのがこの二〇〇〇年代前半である。結果、融資を通じても、財政出動を通じても、日銀から供給された資金は民間へと流れなかったのである。

金融機関は日銀の当座預金にお金を貯めこんでいても利子はつかない。そこで、日本国内の唯一の投資先として選ばれたのが国債市場だが、同時に日銀から供給されたあり余る資金の一部が金利や利回りが高い海外にも流れていく。

二〇〇〇年代前半のことになるが、私は中堅のアメリカ系金融機関でトレーディング部門を任される立場にあったため、自行の資金繰りの責任者も兼任していたことがあった。日本国内に目ぼしい投資先が見つからず、毎日自行の当座預金に積み上がっていく大量の円資金を眺めるだけのような状況であった。

ところがあるとき、積み上がった東京支店の円資金に目をつけたロンドン支店から、円を貸し出してほしいという打診がきた。同じ銀行の本支店の間であれば、対外的な融資とは違って与信枠はない。そのため、ほとんど無制限に取引ができるのである。

○%すれすれの金利で東京支店が調達した資金を、海外支店にわずかに金利を上乗せして貸し出す。そうやって調達した円資金をロンドン支店は、円資金のままか、あるいは円を売ってドルに換えてか、格付けがよい海外の顧客に対して貸し出すのである。ロンドン支店の担当者に当時聞いたところ、貸し出す先はヘッジファンドであると言っていた。

自分の貸し出した資金を最後までひもつきで調べることができたわけではないが、彼らは低利の円資金を調達して、世界中に投機を仕掛け、その一部がアメリカだけでなく世界中の住宅市場へと流れこんでいったことは容易に想像できる。日本の資金が海外のバブルの温床になった側面は否めまい。

大蔵省出身で現在は早稲田大学ファイナンス研究所顧問である野口悠紀雄氏も「○二〜○六年の期間においては、日本から資金が流出してアメリカに流入し、サブプライムが増大した」とし、「アメリカの住宅価格バブルについて、日本にも責任がある可能性が高い。

しかもそれは、低金利・円安誘導というマクロ経済政策がもたらした結果だ」[*5]と指摘している。

日銀が緩和を続けてきたこの十数年間、実感として、一般市民にとって日本の景気がよくなったと思われるだろうか。本来国内で使われるべき資金が様々な形で海外へ流れていってしまったのであるから、よくなるわけがない。代わりに、海外でその資金がバブルの素地をつくり上げたのであるから、なんとも皮肉な話である。

▼繰り返される海外へのマネー流出

現在、欧米の中央銀行が、そしてそれに追随するように日銀も様々な形で大量の資金供給をしている。本当の意味での実体経済の回復に結びつくような資金となりうるかが、今後の世界経済回復にむけて、最大のポイントとなろう。

アベノミクスの評価は分かれるところではあるが、たとえば、財政を拡張して政府主導で需要を創出し、民間へとお金を流すという部分は（もちろん資金の流れる先の精査の必要は大いにあるとしても）、評価できる。

その一方で、金融緩和がとりわけ声高く叫ばれている状況に対しては危惧《きぐ》している。日本国内へ資金を回すべき金融機関で水がせきとめられた状態で、緩和だけを実施しても意味がない。日本の一般国民に資金が回らないだけでなく、海外に流れてしまい、海外バブルの温床に再びなってしまう懸念すらある。

欧米金融機関の体力の減退、あるいは規制の強化によってヘッジファンドの動きもかつてとは変わってきてはいるものの、現状のまま日銀が緩和をして「海外バブル↓崩壊」という小泉政権下と同じ経緯をたどれば、結局その後始末が再び日本国民に降りかかってくることとなる。そうなれば、一般国民にとっては最悪の状況となる。

▼安倍政権下の「円安」が意味するもの

二〇一三年三月現在、アメリカの公的債務は一六・七兆ドルとなっている。アメリカは世界中からの借金をどのように減らしていくつもりなのだろうか。

その問いに答えるためにも二〇〇〇年代以降の為替介入の経緯とその効果を振り返っておこう。ＩＴバブル崩壊後に円高が進み、一ドル＝一〇〇円近辺となった小泉政権下で大量の為替介入をおこなった。その後の二〇〇四年、二〇〇五年にアメリカの住宅バブルは盛り上がりを見せる。日本政府の為替介入は二〇〇四年の四月でいったん停止となったが、代わってドルを買い支え続けたのは、為替差益を狙った日本の一般投資家である。こぞって円売りドル買いを進めていった結果、二〇〇七年六月には二〇〇二年一二月以来のドルの最高値、一ドル＝一二四円台をつけることになった。

ところがその直後、「じつはサブプライムには大変な問題があるのだ」ということが発覚し、一気に経済クラッシュが発生。リーマン・ショックの導火線となっていった。

為替市場では、一ドル＝一二四円だったものが、二〇一一年には一ドル＝七五円まで一気に下がってしまったのは、記憶に新しいところかと思う。住宅バブル崩壊という負の面だけを見がちだが、それとは別にアメリカの負債部分だけを見れば、借金をドル建てでしているアメリカは、この経済クラッシュにともなうドル売りによって、一二四あった借金を七五にまで、約六割に目減りさせることができたわけである。

ある程度の時間をかけてドル高に誘導し、急激なドル安が誘発される。この繰り返しの歴史に沿って考えるならば、今はなにが起きているのだろうか。

二〇一二年一〇月から、為替はドル高円安に反転している。ドル円レートと言うように、為替レートの変動については、ドルの材料、円の材料の双方を見て考えるほうが自然である。そういう意味で、現状はアベノミクスという国内要因だけに日本人は傾倒しすぎているようだ。国際金融市場は一国だけの事情で動くわけではない。

こうしたことを麻生《あそう》太郎財務相はよく理解している。二〇一三年二月モスクワで開かれたG20に前後して、一部から安倍政権の経済政策が「円安誘導」という声があがっていた。それに対して首尾一貫、円安誘導はしてはいないとし、G20の場では逆に円安誘導について「言いすぎ」という言質をとった。日本のメディアの事前予想に反して、共同声明で日本が為替問題で名指しで非難されることがなかったのも当然である。

円安が日本経済に与える悪影響の部分の議論は別にして、実弾として為替介入をするわけでもなく、一国の宰相の言動だけで相場がどうなることもないのであるから、「円安誘導」にはなりえない。麻生財務相が、円相場が「一〇円か一五円戻したら（文句を）言ってくるなんていうのはおよそ筋としてはおかしい」とするのは、経済や国際金融を熟知している立場からすれば至当な発言である。

歴史的なパターンを参照すれば、今回の為替の反転はアメリカの通貨政策に大きな変更があったからではないか、と考えるほうが妥当であろう。国内要因を越えた各国、とくにアメリカの通貨戦略を探ることは、今後の世界経済の行方を考えるうえでの重要な判断材料となる。

一九八〇年代後半から債務国となったアメリカは、国の経済を回していくために海外から投資資金を呼びこまねばならなかった。いかにそうした海外の資金を集められるかがアメリカの生命線でもあった。

以前はＩＴ革命によって、そして住宅バブルによって海外からの資金がアメリカにむかっていった。しかし、住宅バブル崩壊後、長らくめぼしい投資先の出現はアメリカ国内にはなかったため、借金まみれの通貨にすぎない米ドルは、円が戦後最高値を記録したことが象徴するように、その信任を失墜することになっていった。

▼シェール革命でアメリカがエネルギー輸出国に

ところが、ここにきてドル高へと反転している。となれば、アメリカに新たな投資先が出現したと考えるほうが妥当だ。今回の起爆剤はなんといってもシェール・エネルギーである。

二〇一二年一一月一二日、突如アメリカの主要メディアが一斉に、シェールガス・オイルをとり上げ、アメリカを「新しい中東」と位置づけて情報を流したのである。

以前からシェール・エネルギーについては折に触れ、話題としてはポツポツとり上げられてはいた。しかし、突如としてこの週に、一斉にアメリカの主要メディアがメイントピックにとり上げる様子が、海外通の知り合いなどからも「異常」という指摘を受けた。

ニュースのオリジナルを探してみたところ、一一月に一斉配信された内容は、その二週間ほど前にさかのぼった一〇月二三日にAP通信が報じた、"US may soon become world's top oil producer（アメリカは間もなく世界一の産油国へ）"の焼き直しのようであった。

AP通信の第一報と二次配信の唯一の違いは、国際エネルギー機関（IEA）という、加盟国のエネルギーの安全保障の確立と安定的な持続可能なエネルギー需給システムの確立を目的とする国際機関の名前がでているかどうか、という点である。

つまり、一一月のシェール・エネルギー報道は、言ってみれば、IEAという公的機関のお墨つきをいただいた信憑性の高い情報であるとして、あらためて二次配信されたようなものである。

そこまでしてシェール・エネルギーを盛り上げる必要があるのか。ちょうどアメリカでは大統領選挙が終了、オバマ大統領の二期目が決定した直後でもあった。言うなれば、オバマ大統領の経済政策を後押しする、そうした役目も担っていたのではなかろうかとの想像もつく。

シェールガス・オイルは地下深くにあるシェール（頁岩《けつがん》）に含まれているガスやオイルで、採掘に高度な技術を要する。原油価格を筆頭に、国際的な資源価格の高騰が続いているなかで、かつてはコストがかかりすぎるとされていたシェール層の採掘にも費用対効果が生まれてきた。石油・石炭にくらべてCO_2の排出量が少ないというのも着目される理由とされ、クリーンエネルギー推進派のオバマにとってもプラス要素なのである。

シェールガス・オイルの増産で、二〇一二年現在、アメリカの天然ガスの産出量は二〇〇五年の一・三倍となっており、数十年前から減少傾向が続いていた原油生産量も、平均日量が底だった二〇〇八年に比べて一・三倍となっている。

アメリカの対外石油依存度を見ても、自国産の天然ガスや原油の増産によって低下傾向が顕著となってきた。米エネルギー省情報局の予想では、二〇〇五年のピーク時の六〇・三％だったアメリカの対外石油依存度が二〇一三年は四四・六％になるとされている。

この点についてはオバマ大統領も二〇年来の石油の対外依存度の低さであるとして、二〇一三年二月の一般教書演説でもピンポイントでとり上げていた。自身がとり組んできたクリーンエネルギーの推進が功を奏した形にもなっている。対外依存度の低下の要因としては原油価格高騰による消費自体の抑制の効果もあろうが、やはり、シェールガス・オイルの増産による影響が大きい。

実際に、米商務省が発表した貿易収支を見ると、赤字幅がピークだった二〇〇六年の七五三三億ドルから五三九五億ドルへと二八％ほど減少している。また、石油の輸出入（実質）額の推移を見ても、二〇〇六年には二五五億ドルだった石油輸出が二〇一二年には六七四億ドルへ二・六倍増加、輸入額は二四八六億ドルから一九五八億ドルへと二割ほど減少している。

石油輸出が急激に伸びるなか、輸入が減少している状況から、間もなくアメリカが新しい世界の「エネルギー資源供給国」になるのではないか。

　であるなら、これまで慢性的な貿易赤字で悩まされてきたアメリカは一転、エネルギー輸出国となって貿易黒字国となる可能性がでてきた。さらには経常収支の赤字もこれで改善するはずと市場は期待する。ドル買いを促す絶好の材料である。

　シェールガス・オイルの記事が配信された直後の二〇一二年一一月一四日、日本では自民党の安倍総裁や民主党の野田首相などによる党首討論会があった。その場で突如として衆議院の解散が発表され、以降は選挙戦へと突入する。

　こうした経緯もあって日本では国内要因一色になってしまったが、今回のドル高円安のきっかけとして、アメリカの在庫調整もちょうど終了し、景気が底入れをしていたところに、アメリカ発のシェール革命のニュースが注目をあび、好材料視されたことが大きい。国際金融市場の見方として、アメリカ国内での資源の自給自足の目処《めど》が立ち、やがてはエネルギー供給国へというシナリオがドル高の起点にはあったわけである。

　アベノミクスで相場が動いたという国内報道に反してということになるが、一国の為替介入だけでは限界があるように、政府要人の発言だけでは大きな相場の動きにはなりにくい、というのが国際金融市場の現場の見解として一致するところだろう。

ここは、各国経済ファンダメンタルズや強国であるアメリカの経済政策の転換の潮流を先読み、先取りをしたマネーの動き、という客観的な分析が必要であろう。

▼オバマ大統領の本気度

実際に今後シェールガス・オイルは革命を起こす起爆剤となりうるであろうし、アメリカ経済の牽引役となる可能性が非常に高くなってきた。世界のエネルギー地図を塗り替えることにもなるだろう。

すでにニュースなどで伝えられているとおり、シェールガスやシェールオイルの採掘に関連する産業には裾野の広さがある。採掘そのものだけでなく、運搬する際のパイプラインや鉄道建設などにもおよび、実際にシェール油田のある地域の失業率は改善してきている。まさに雇用と経済成長を促進するエネルギー政策となりつつあるといえよう。

オバマ政権はこの状況をどう見ているのか。二〇一三年の一般教書演説は全部で七〇〇〇語弱、そのうち一割強ともっとも比率が多かったのは、じつはエネルギーについて言及した部分であった。

「現在、アメリカのエネルギー分野以上に投資対象として期待できるものはない」

また、それに先駆けておこなわれた二期目の就任演説の際にも持続可能なエネルギー源の追求について言及している。新たな雇用と新たな産業をもたらす技術において他国の追随を許さないという発言もあり、まさにアメリカが世界のエネルギーを牽引するといった意気込みである。

その根底にはアメリカの中間層復活への配慮から雇用の確保という点が重視されているが、「エネルギーの未来をようやくコントロールできるような道筋が見えてきた」「天然ガスへの（期待の）盛り上がりが、よりクリーンな電力を一層のエネルギー自立へと導く」といった力強い発言が、一般教書演説では並んでいる。

とくに、〝Natural Gas Boom〟と、「ブーム」という言葉を使っていたのが印象的だ。ブームには突如とした好景気というニュアンスがあるので、受け取り手によってはバブルを想起する人もいるかもしれない。それも踏まえたうえで、投資資金をアメリカに呼びこみたいという意向もあるのではなかろうか。全体を通じて、天然ガスによるアメリカ経済の立ち上がりへの期待度の高さがうかがえる内容であった。

▼シェール革命がバブル化するリスク

新興国や途上国の潜在的なエネルギー需要は旺盛であり、中東情勢の緊迫が続くような状況である以上、エネルギーの国際価格の高止まりは続くだろう。そうしたなかでのシェールガス・オイルの可能性には大いに期待したい。

ただし、たとえアメリカ国内の天然ガスや原油の生産量が増えたとしても、枯渇燃料である以上、アメリカがそれを今後積極的に輸出に回すかどうか。仮に、輸出されたとしても、アメリカの経済戦略の一環として、輸出量が絞りこまれたり、あるいは大量放出されたり、それもアメリカの掌《たなごころ》次第となれば、全面的に依存するリスクは高い。

さらに現実問題として、シェール層採掘の際には有毒ガスやメタンガスなどが排出されること、地下水や土壌の汚染がありうること、激しい地盤沈下や地震が一部の地域などで確認されていること、そして採掘の際に必要とされる大量の水をいかに確保するかなど、複数の難問が存在しているのも事実である。

やがてはこうした問題が大きく影響してくることになるのだろうが、とりあえずのところは、「新エネルギー革命」としてアメリカ内に投資金を呼びこむ格好の材料であるのは間違いない。財政赤字を抱えるアメリカ政府としては、好材料として反応する海外資金の流入をアメリカ内に促せられれば万々歳でもあろう。

金融市場の参加者にはこうした材料を何十年分も前倒しで消化していくクセがある。先取りして価格をつり上げ、ひと儲けを狙う投機家も時間の経過とともに増えていくはずであり、金融市場は節操のない動きになるもの、とあらかじめ用心しておくほうがよいだろう。

折に触れ、革命的要素がわれわれの現実の生活に溶けこむまでの経緯については、一九九〇年代後半のITバブルを思いだしてほしいと申し上げている。

一九九〇年代初頭に、初めてITという言葉を耳にするようになってから、われわれの自宅のパソコンで、あるいは携帯端末を使って当たり前のようにメールやネットの検索をするようになるまで、一〇年、あるいは一五年という年月が経過してきたからだ。

ところがこと株価だけに絞ってみれば、一九九〇年代中盤から上がり始め、ITバブル崩壊直前には数十年分を先取りした株価となっていた。

当時、経済番組などではいったいどこまで株価が上昇していくのか、連日のように報道されていたが、とある銘柄などは「一〇〇年分ぐらい先取りしている」と解説者が述べていたことを覚えている。明らかに、好材料を織りこみすぎであったにもかかわらず、どこまで上昇するのか解説している本人もまったく見当がつかないと言っていた。まさに、バブルの極みだったのであるが、二期連続で大統領を続けたクリントン政権の二期目がまさにそのITバブルであり、実質的な任期終了の年である二〇〇〇年にピークを迎え、以降崩壊することとなった。

ちなみに、三選が禁じられた一九五一年以降、過去二期連続の満期八年を務め上げた大統領は、今回のオバマ大統領を含め、歴代五人いる。一九七一年の変動相場制以降ということになれば、四人である。

レーガン、クリントン、ブッシュと二期務めた大統領の在任期間中、一期目と二期目で為替政策は一八〇度かわる。レーガン一期ドル高→二期ドル安（プラザ合意）、クリントン一期ドル安→二期ドル高（ルービンの「強いドル政策」）、ブッシュ一期ドル安→二期ドル高（住宅バブル）といった具合である。

そして、クリントン政権下では任期の終盤にITバブルが生成、崩壊したように、ブッシュ政権下でもまた、住宅バブルが終盤に発生し崩壊している。アメリカの法令で三期連続が大統領の任期として認められていない以上、二期目の最後にバブルが崩壊しようが、後始末がどうなろうが関係ない。むしろ次期政権にとってもスタート地点が低いほうが、時間経過とともに経済回復をともなって二期目継続まで縺《もつ》れこませることができる、といったところだろうか。

FRB（連邦準備制度理事会）のアラン・グリーンスパン元議長は、後から振り返ってみればバブルだとわかるだけだ、などと言ってはいたが、彼のように市場との対話を重視し、誰よりも市場の動向に精通していた人物がバブルを認識していなかったとはとても考えられない。景気回復、住宅市場の活況を十分認識しながら、低金利政策を維持し、引き締めのタイミングが遅れたことからしても、あえて中央銀行もバブルに目をつぶっていた側面は否めない。

過去の経緯がそのまま必ず未来に起こるなどと言うつもりはまったくないのだが、過去に大統領任期の終盤でのバブル崩壊のパターンがある以上、シナリオのひとつとしてオバマ政権でも起こりうると頭のどこかに置いておいても無駄ではあるまい。

相場での大きな価格変動から収益を狙う投機家が存在するなかで、過去の大統領の任期とバブルの経緯に鑑みれば、そしてバブルを黙認する政府や金融当局の存在を考えれば、今後シェール革命がバブル化する可能性がある。

歴史にならうならば、オバマ政権の第二期目の二〇一三〜二〇一五年にシェール・バブルが生成され、二〇一六年の任期終了前後に破裂ということになる。

過去最高の資金が各国の中央銀行から供給されている昨今、それがバブル化した市場に一気に流入するとなれば過去最高にまでバブル度合いは進むこととなろう。

しかし、バブルはやがて崩壊する運命にある。その後一斉にそうした資金が撤収するのだから、山が高ければ谷深し。二〇一七年以降、アメリカ発の世界恐慌入りというシナリオも考えられる。

▼再びバブルの露払いをさせられる日本

オバマ政権の第一期はまさに住宅バブルの後始末に終始した期間だったといえよう。就任二年目の二〇一〇年のことになるが、一般教書演説で輸出倍増計画を打ちだしたことがあった。二〇一〇年からむこう五年間にわたって、アメリカの輸出が倍増することを目指す、というものである。どの国の輸出にとっても都合がいいのは通貨安である。したがって、オバマ大統領が輸出倍増を掲げるなら、アメリカのむこう五年間の通貨戦略は通貨安政策である、ということになる。そして、実際に米ドルは価値を下げ続け、一ドル＝七五円台に至ったわけで、まさにアメリカの通貨戦略どおりの展開であった。

ところで、実際問題としてアメリカが輸出を倍増させようにも、これまでのアメリカにこれはと言える目ぼしい輸出製品はなかった。よく知られるように、アップル社の製品でも多くの部品を人件費がアメリカより安い中国など海外で製造しているために、純粋な〝メイド・イン・アメリカ〟とは言い切れない。

製造業が空洞化してしまった状況では、実質的な輸出倍増計画は無理ということになる。

つまるところ、輸出への効果という点で考えれば、積極的な輸出のためのモノづくりを政府として推進するというよりも、為替レートでドルが安くなれば、相対的に輸出競争力がつく分、アメリカ製品が多少なりとも売れやすい状況が出てくる、といったドル安を利用した、いわば消極的な経済戦略にすぎなかったわけである。

むしろ、住宅バブル崩壊により海外からの流入資金が減ってドル安が生じたため、住宅バブルで呼びこんだアメリカへの投資資金が目減りするという、つまり借金棒引きとしてのドル安効果のほうが大きかっただろう。

一部の金融機関を破綻させることによって、海外投資家を筆頭に投資資金を回収することが困難になった。為替差益を狙った投資も円高によって巨額の差損を被った。海外投資家の損は誰かの儲けである。投資資金を呼びこんで、住宅バブルの間、高額のサラリーをもらった金融関係者、一時的ではあるにせよ、住宅関連の従事者、あるいは減税を享受したアメリカ国民。投資資金によって建てられた建築物もあるだろうし、建築にともなう水道管やガス管の配備といったアメリカ内のインフラが整えられたということもあっただろう。そうした細部に至るまで回収されることのない投資資金の恩恵が行き渡ったようなものである。そして、投資家の資金はバブル崩壊で戻ってこなくなった。

さて、ここにきてアメリカには、輸出できるシェールガス・オイルという確固たるモノが登場してきた。商品市況を見れば、資源価格は引き続き高止まりしている状況である。そうしたなかで、自国産エネルギーを安く叩き売る必要もない。とくにエネルギー高騰に窮している日本という絶好の買い手もすぐ目の前にいる。高くても売れる商品が出てきた以上、高くても買ってくれる消費者がいる以上、これまでほかに目ぼしい手段がないとして採用してきた消去法的ドル安政策にこだわる必要ももはやない。

輸出倍増計画が打ちだされた二〇一〇年の一般教書演説では、export（輸出）という単語は五回登場していた。今回の二〇一三年バージョンでは辛うじて一回の登場にすぎず、輸出倍増計画という言葉ももはや出てきていない。倍増計画は棚上げ、これまでのように輸出に重きを置かない＝ドル安政策で借金を目減りさせるステージも終了、ということになる。

つまり、アメリカはドル安からドル高政策へ舵を切った。その烽火《のろし》がシェール革命と見ていいだろう。再びドル高政策に転換したことによって、一九九〇年代後半、あるいは二〇〇〇年代中盤に進んだ金融帝国の強化へとアメリカは回帰していこうとしているようだ。

一時的なバブルなどにならず、実体経済を増強する革命となることがアメリカ経済、そして世界経済全般にとってのベストシナリオである。しかしながら、これまでの歴史を見れば、本格的なシェール革命が進むのに先だって世界のお金を引き寄せ、財政赤字の問題を突破し、その後は投資資金の目減りを目論んで、ドル安政策に転換するというのが定石となっている。

たとえば、安倍政権の外債ファンド五〇兆円も、購入した米国債をある段階で売るという戦略がなければ、単にアメリカのバブルの露払いの財源で終わってしまうだろう。当然、その損失は日本国民に回ってくるだけである。

国内に回ることのない資金であれば、なんのための金融緩和なのか。なんのための外債ファンドなのか、なんのための為替介入なのか。そして、購入した海外資産を売る気があるのか、どういった状況を想定して投資資金を撤収するのか。

為替介入などで無作為に資金を横流しするよりも、アメリカと協力体制を組んで間接税と直接税の扱いの違いを利用した還付金狙いの付加価値税廃止を目指したほうが、本質的にアメリカ経済を支援することに通じるであろう。そして両国の中間層の復活にも一役買うことができるはずだ。狭隘《きようあい》な視点は捨て、問題を広く俯瞰したうえで議論し、国富流出で中間層が疲弊するスキームを監視する必要があろう。

第六章　バブルの死角

▼雇用と分配の危機は資本主義の危機を告げるサインか

本書を通じて考察してきたのは、現在の日本経済システムには国民の大多数を占める中間層を没落させてしまうような制度やルールが、どうやらあちこちにインストールされてしまっている、ということである。そしてその制度やルールを通じて、中間層が失った富が大企業や株主、海外など強者の手元に流れてしまっている。つまるところ、消費税、法人税などの税制、会計制度、円高是正のためとされる政府による為替介入、日本を呑みこむアメリカの新帝国循環、そのいずれも結局のところは国民の負担を代償にした強者のための優遇措置にほかならないのではないか。

こうした強者によりつくられた、強者のためのルールによって、雇用者の所得は奪われ、雇用そのものも縮小してしまった。そのことで強者と弱者の二極化が進み、経済活動が停滞してしまったのが、これまでの日本である。

このままの状況を放置すれば、ますます日本経済は縮小し、その先には日本経済の本当の意味での衰退すら待ち構えているように思われる。

いくらなんでも危機感が過剰すぎるのではないか、といぶかしがる方もおられるだろう。しかし、私が言う「日本の衰退」とは、「はじめに」でも述べたように、財政破綻間近であるとか、国債がすぐにもデフォルトするとか、巷で言われる日本沈没論の意味ではない。

そうではなく、国民の大多数が仕事に喜びも自己実現も見いだせないばかりか、それ以前に安定した仕事に従事することすらままならない。一部大企業に買い叩かれるままに働かされ続けるような、あるいは強国に国富を吸い続けられるような国の国民は、ひたすら困窮するだけとなってしまうという意味である。

大企業優遇の税制のもとで賃金を吸いとられ、為替介入という形でアメリカの借金の肩代わりをし続ける。そうやって国内からも国外からも労働の果実が奪われていけば、中間層の生活が傾くのは当然の道理である。それでもこれまで持ち堪《こた》えてきたのは、それこそ戦後から今まで国民が額に汗し、貯めこんできた富の蓄積があったためである。

今なお世界各国とくらべれば、日本の国富のレベルは抜きんでている。財務省によれば、二〇一一年末時点で、日本の政府や企業、個人が海外に保有する資産（対外資産）から、海外勢が日本で保有する資産（対外負債）を差し引いた対外純資産は、二六五兆四二六〇億円となっている。

日本国内には経済活動をおこなう主体として、政府があり、企業があり、個人がいる（日銀がデータをだす際には、これらに金融機関やNPOなども加えて日本の経済主体としている）。

それぞれの経済主体はお互いに資金の貸し借りをして日本経済全体を回しているわけだが、そうやって日本国内で資金の融通をしあっても、日本国内で使い切れないお金が二〇一一年末の時点で二六五兆円あったということになる。それを国内で有効活用できていない矛盾ともどかしさがある。

この額は二一年連続世界一を誇り、二番手である中国とは倍ほどの差額がある。この事実を指して、「日本は世界一のお金持ち」と称してきた。日本全体ではまだまだ裕福なのである。裕福であればこそ、一般国民から搾取する余裕があると強者は考えているのだろう。格差も他国にくらべればまだ目立たないかもしれない。しかし、だからといって国富の流出を黙認していてはならないし、この富をまんべんなく国民が共有する必要がある。

もちろん個人の力量によってある程度収入の格差があるのは当然であるし、怠け者を甘やかすことをよしとしているわけではない。そうではなく、学びたいという意欲のある者にはそのチャンスを与え、真面目に働いた者には対価としての賃金と生活を保障する。そうやって国富は国民の間で共有されるべきではなかろうか。そのためには、一部を優遇するような偏った制度や、むやみな他者へのファイナンスのために、国民の資産を流用すべきではない。

資本主義が歴史上「もっともマシ」な経済システムと呼ばれるのは、労働によって生まれた付加価値を賃金という形で労働者が享受し、それを元手に消費をおこなって豊かになっていくことができたからである。しかし、税などを引く前の所得である当初所得の充実や、税金を徴収し社会保障などを通じて公平に分ける再分配をおろそかにするならば、ニクソン・ショック以降現物資産の裏づけを失った大量のペーパーマネーが虚像の資本主義を演出するなかで、人々の生活を支える実体経済は劣化していく一方となる。

その意味では、雇用の危機や再分配をおこなう税金や還付の制度的な欠陥というのは健全な資本主義の危機を告げるものではないだろうか。

▼バブルの後にやってくる史上最悪の恐慌

強者は、それでもかまわないと言うかもしれない。自分に都合のよいルールに従って、富を築くことができるならば、ゆがんだ資本主義でもよいのだ、と。

しかし残念ながら、ペーパーマネーだけに支えられた資本主義システムは、もはや限界に達しようとしているのではなかろうか。もうこれ以上、どれだけ紙幣を印刷したところで、劣化してしまった市場経済や資本主義経済の本質的な修復は不可能なのではないか。

今なお、先進各国は金融緩和を続け、これでもかというぐらいの余剰資金を市中に流し続けている。いわば、アメリカを胴元としたカジノ資本主義の最後のゲームが今まさに繰り広げられようとしている。

とくにリーマン・ショック以降、アメリカは政策金利を〇％近くまで低下させてきた。金利はこれ以上下げられないために、今度は量的緩和策を、第一弾、第二弾、そして第三弾まで打ちだしてきた。アメリカ経済のみならず、欧州危機を通じて、そしてアベノミクスによって、これまでも、そして今後も世界中で紙幣印刷の輪転機は回りっぱなしとなるだろう。歴史上類を見ないほど、世界中に次のバブルの種がばらまかれている。

アメリカは、ドル安とドル高を繰り返すことで、国債などの借金を棒引きしながら新たな借金をするというシステムをつくりだしたことは前章で説明した。今回も、ドル安でアメリカの借金を減価させた後にドル高に転換して、再び借金を重ねていくものと考えられる。

節操のない史上最大の資金供給を背景として、おそらく二〇一三年から三年ほどは日米が牽引役となり、世界経済は未曾有のバブル期に突入するのではないか。多分それが「資本主義最後のバブル」となるのではなかろうか。史上最大の過剰流動性資金（市中に過剰に出回る資金）は、株式や原油、穀物などの商品相場に流れていくだろうし、アメリカが投資資金を呼びこむステージでは為替市場でドル高が進んでいくだろう。

実体経済の増強をともなった慎ましい経済成長にとどまれば別だが、史上最大級の資金量をともなった史上最大の暴騰があれば、史上最大の暴落がやってくるのは当然である。それは避けることができない。

かつてはオランダのチューリップ・バブル（一六三四〜一六三七年）、イギリスの南海泡沫事件（一七二〇年）や鉄道バブル（一八四〇年代）といった具合に、バブルは一〇〇年に一度の割合で起きていた。しかし、一九七一年にアメリカがドルと金の兌換を停止してからというもの、金融バブルの発生頻度は数年単位へと激変した。それでも一九九〇年代は、中南米バブル→通貨危機（一九九四年）→アジア・バブル→通貨危機（一九九七年）→ITバブル→崩壊（二〇〇〇年）というように、ある程度の時間的なラグをともなって、好況と不況が国家間でバトンタッチをされていた。

たとえばアジア通貨危機の際は、それまでアジアの奇跡と呼ばれる経済成長をしていた各国は壊滅的な打撃を受けたのだが、その間アメリカ経済が停滞したわけではない。むしろITバブルのピークにむけて株価はひたすら上昇していった時期であり、二〇〇〇年代に入ってからのサブプライム危機のように、あるいは欧州危機のように、世界中が巻きこまれるようなことはなかったのである。つまり、かつては国境を越えての資金のやりとりが現在ほどではなかったために、どこかの国の経済主体が破綻の危機に瀕しても他国に影響がおよぶことがなく、代わった誰かが世界経済の牽引役となるような、絶妙な補完関係のようなものが成立していたのだ。

しかし一九九〇年代後半から、グローバリゼーションが加速度的に進んだ結果、資金の流れもまたボーダレスとなった。そのため、現在では世界のどこかで発生した危機は瞬く間に各国に伝播してしまうこととなる。

すなわち、一九九〇年代以前であれば、それぞれの国のそれぞれの市場でのバブルの生成、崩壊で済んでいたものが、現在ではグローバルなバブルの生成、崩壊へと変化しているのである。

それはバブルのツケを次のバブルで帳消しにするという作用が、とくにアメリカが経済覇権を握ってから繰り返しおこなわれたためであろう。帳消しにするためには、前のバブルよりも少しだけ規模を大きくしていかなければ資金を回収できない。そうやって時代の経過とともにバブルの規模も拡大してきた結果、とうとう地球規模のバブルに達せざるをえなくなってきた。まさにそのときが訪れようとしているのではないか。

地球規模のバブルが生成、崩壊すれば、そのツケを回収するような次の大きなバブルを起こすことは不可能である。そこで、これまで雪だるま式にバブルをつくり上げてきた資本主義経済システムは限界を迎え、たとえばこれまでのペーパーマネーが一斉に回収されるような、世界がかつて経験したことのない信用収縮から恐慌のステージに突入する、といったことも、可能性のひとつとしてありうるだろう。

▼一九八〇年代との類似点と相違点

こうしたグローバルな視点から資本主義の盛衰を見たとき、今現在の日本の経済の回復はどのように捉えられるのか。そのヒントになるのが、一九八〇年代との比較である。

日本とアメリカが現在置かれている経済環境は一九八〇年代後半のそれと類似している点がいくつかある。

第一の類似点は、ドル安からドル高政策へのシフトである。一九八五年のプラザ合意でドル安政策を公言した後は、アメリカの狙いどおり、ドル安円高に急激に振れていった。それがドル高円安へと反転したのが一九八七年二月のルーブル合意であった。この時期と前後して、日本の為替介入もドル売りからドル買いに転換している。

こうした為替政策の反転は、オバマ大統領が二〇一〇年の段階で輸出倍増計画を発表して、ドル安円高に拍車がかかったのち、第二期政権の現在、ドル高政策へとシフトしている動きと酷似している。

第二の類似点は、日本の経済政策である。一九八五年以降、日本が急激な円高により円高不況となった際に、大幅な金融緩和と財政出動が実施された。

アメリカから日本への強い内需拡大策の要望もあって、一九八六年に総額三兆円以上の「経済総合対策」が、一九八七年には財政出動を含めた大規模内需策として六兆円の「緊急経済対策」が発表された。これは、安倍政権が標榜《ひょうぼう》している、大胆な金融政策、機動的な財政政策、民間投資を喚起する成長戦略という「三本の矢」を彷彿させるものである。

こうした時代の相似は、今後の経済動向を予測するうえで大いに参考になる。アメリカでは、景気拡大と金利低下、そしてM＆Aブームの相乗効果で株式が一九八二年から上昇を続け、一九八七年には一層の弾みがつき、かなりの割高の水準となった。そして一九八七年一〇月に起こったのが株価の急落、「ブラック・マンデー」である。

一方の日本ではこの時期、内需拡大による好景気に突入したのは言わずもがなである。当時山一證券に在籍していた知り合いのディーラー曰《いわ》く、「株価急落って言ったってアメリカの話だろ。日本は関係ないじゃないか」。ニューヨーク市場での「ブラック・マンデー」

を見た翌日、会社に出勤してみると、むしろ値下がりをよしとして一斉に買いにむかったものだった、という話をしてくれたことがあった。それほどまでに日本は企業も金融機関も個人投資家も投資意欲が旺盛だったわけである。そうした勢いを象徴するかのように、その後も上昇していったのが日経平均株価であった。しかしながら、その二年後の一九八九年に史上最高値の三万八〇〇〇円台を見て以降、二〇年続く不況入りとなった。

つまり、日米ともに、一九八〇年代後半は、現在と似たような経済環境のもとで景気拡大を経験した後、日本はとくに大きなしっぺ返しを受けているのである。

他方、一九八〇年代と現在とでは大きく異なる点もある。それは日米ともに、当時とくらべて中間層が没落してしまっていることである。没落した理由はこれまでの章で繰り返し述べてきた、中間層に不利な「密かなルール」の所為《せい》である。

▼日本を襲うスクリューフレーション

この中間層の危機を資本主義の終焉《しゅうえん》という問題とつなげて考えてみよう。

中間層の没落を示す端的な表現として、昨今アメリカで注視されているのが「スクリューフレーション」と呼ばれる現象である。

一九七〇年代、やはりアメリカの経済成長が停滞しインフレが進んだ際、エコノミストは「スタグフレーション」なる言葉をさかんに使用するようになった。これは、経済が停滞するなかで物価だけが上昇する現象を指す。

スタグフレーションの代表的な例は四〇年前に日本で起きたオイルショックであるが、このときは、スクリューフレーションは進行しなかった。というのも、インフレと同時に賃金も上昇していたため、景気は低迷したものの、中間層の貧困化は起きなかったからである。

サブプライム危機以降のアメリカは、経済が停滞し、インフレが進むなかで、中間層が打撃を受ける状態になっている。貧困化（screwing）とインフレーション（inflation）が同時に起きていることから、ふたつの単語を合わせてスクリューフレーションというわけだ。この言葉は、ヘッジファンドであるシーブリーズ・パートナーズ・マネジメントの代表ダグラス・カスの造語である。

スクリューフレーションとスタグフレーションはよく並べられるが、このふたつが大きく異なるのは、貧困化をともなう点である。
アメリカ経済を俯瞰してみれば、実質GDPは過去三〇年間で大幅に拡大してきた。オバマ大統領は二〇一三年年頭の一般教書演説で次のように述べている。

「企業収益も最高益を更新している。ところが、一〇年以上にもわたり賃金も所得も横ばいとなっている」

そんな状況のなかで食料品やガソリンなどの日用品の価格が上昇すれば、所得の低い者から打撃を受けることになってしまう。アメリカの中産階級は賃金の停滞と必需品のインフレを同時に経験するような状況に陥り、貧困層に滑り落ちる人が後を絶たない。
その原因としてカスは、アメリカでは住宅を担保にして融資してもらうようなホームエクイティーローンが一般化しているが、サブプライム危機で住宅価格が下落したことによって、ローンを利用しても生活費を賄うことができずに消費が減退している点をあげている。さらにグローバル化が新興国の低賃金労働力との競争激化を引き起こし、労働市場の流動化を促した結果、アメリカ内の労働コストが削減され、経済成長や企業収益の拡大にもかかわらず、実質賃金が上昇しなくなってしまった点なども指摘している。

ＣＢＯ（米議会予算局）のデータによれば、一九七九年から二〇〇七年までの二八年間で平均実質所得が六二％増加するなかで、上位一％の超富裕層の所得の伸びは二七五％、上位二一〜八〇％は四〇％弱、下位二〇％は一八％となっており、[*1]超富裕層所得の異常な伸びから格差が拡大した様子がうかがえる。そこに、エネルギーや食料の価格、医療費や教育費の高騰も併せて発生したために、中産階級は一層、苦境に陥っていったという。

第一章で紹介したコロンビア大学教授のスティグリッツは、次のように指摘している。

「日本にとって、アメリカの経験は重大な警告となるだろう。日本は経済成長が停滞する中でさえ、アメリカのような行き過ぎた状態をどうにか回避してきた。近年のデータを見ると、たとえばアメリカの中流階層では、二〇〇八年から二〇一〇年までのあいだに、富の約四〇パーセントが消えてなくなってしまった。平均的なアメリカ人の二〇年分の貯蓄が一瞬にして失われた計算だ。そして、二〇一〇年に景気が反転したとき、国民所得の増加分の九三パーセントは、所得上位一パーセントの人々のふところに転がり込んだのである*2」

アメリカの場合、中間層は「没落」どころか「消滅」しかかっているとさえ言えるかもしれない。そして日本でも、景気停滞と物価上昇が同時に起きるスタグフレーションの恐れはもちろんのこと、中間層が没落するスクリューフレーションが進行しつつある。

昨今の円安で灯油やガソリンの価格が急騰したのは周知のとおりだ。また、有名食品メーカーが、主力のマグロの缶詰について最大六・一%の値上げをするといったニュースが伝わってくる。詳しく見ると、二〇一三年六月一日出荷分から容量を八〇グラムから七〇グラムに減らし価格は据え置くという商品もある。これでは六・一%どころか、実質一二・五%値上げしたことに相当する。所得が上昇しないなかで日用品が一〇%以上の値上げとなれば、所得の低い層から打撃を受けるのは想像にたるであろう。

▼アベノミクスでスクリューフレーションが加速する恐れ

日本の貧困層がスクリューフレーションの状況にあるというと、「なにを言っている。日本はモノの値段が上がらないデフレじゃないか！」とお叱りを受けそうな雰囲気である。だから物価目標を二％に設定しなければ、と言うのであるが、単に物価二％上昇だけを実現したいのであれば、公共料金を二倍にすればいいだけだ。

ただ、そんなことを国民の多くが望んでいるのか、それで目標が達成されたといって満足するような話なのか、ということである。デフレ脱却という言葉の一人歩きは、その裏側にスクリューフレーションの進行を隠して中間層を疲弊させる危うさがある。

一年を通じて勤務した人の平均給与のピークであった一九九七年の四六七万円にくらべると、二〇一一年は四〇九万円にまで低下している。一〇年あまり前は今より一五％ほど給与が多かったわけである。給与の減少に対して、物価[*3]は三〜四％の下落にすぎない。すなわち、物価の下落率以上に給与が低下しているのであるから、これでは賃金が減少した低所得者層にとっては、デフレ下であっても実質的にはインフレと同じように感じられるだろうし、実際に所得の大部分が日々の生活費に消え、余裕がなくなっていく。

そのことを示すのが、「平均消費性向」の変化である。平均消費性向とは、可処分所得

図11　平均消費性向の推移

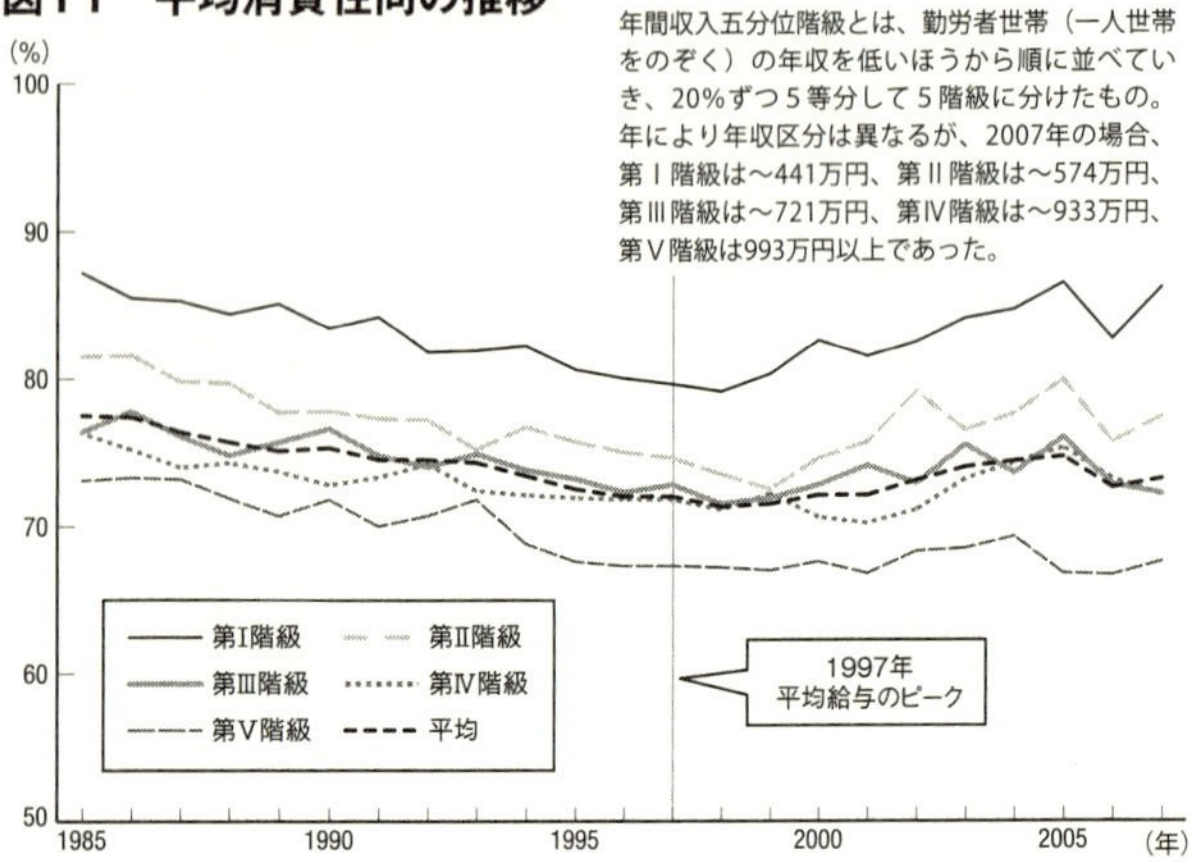

年間収入五分位階級とは、勤労者世帯（一人世帯をのぞく）の年収を低いほうから順に並べていき、20％ずつ５等分して５階級に分けたもの。年により年収区分は異なるが、2007年の場合、第Ⅰ階級は～441万円、第Ⅱ階級は～574万円、第Ⅲ階級は～721万円、第Ⅳ階級は～933万円、第Ⅴ階級は993万円以上であった。

出典:総務省「家計調査」

のうちで消費に回す割合をいうが、一九九七年と二〇〇七年をくらべてみると（図11）、収入の最も低い「第Ⅰ階級」や「第Ⅱ階級」の層の上昇幅が大きくなっている。

概して低所得者層の家計のほうが消費に回る割合は高く、高額所得者層の家計のほうが低くなるわけだが、上昇幅そのものが低所得者層で大きくなったということは、生活関連のモノやサービスの価格の上昇の影響が、収入の低い層においてとくに大きかったことを示すものと考えられよう。しかも、教育などは長期的な支出であるため、日々の生活費を稼ぐのに精いっぱいで貯蓄が難しくなれば、低所得者層においては将来的な生活設計の資力も減退することになってしまう。

このように考えると、一歩間違えば、物価目標の単なる数値の提示や国民のもとに資金が行き渡らないままでの金融緩和政策は、スクリューフレーションをより加速させるリスクを孕《はら》んでいる。円安傾向が強まれば、輸入財であるエネルギーや食料の国内価格は高騰する。さらに、すでに前章で述べたように、金融緩和政策を講じても民間にはお金が流れず、余剰資金が商品市場に投機マネーとして流れることになれば、それが国際的な食料やエネルギー価格を高騰させることにもなる。

円安によって、輸出大企業の株主や経営者の懐は潤うかもしれないが、国民にとっては停滞したままの賃金に加えて、食料やエネルギー価格の高騰に直面するため、国全体の購買力は減少してしまう。

しかも、東日本大震災からの復興を急がねばならない日本にとっては、資源価格やエネルギー価格の高騰という円安のデメリットのほうがいずれ大きくなると考えられる。いくらハイブリッド車が主流となり燃費効率が上がっているとはいえ、極端な話、ガソリンが一リットル五〇〇円になれば流通コストは跳ね上がり、円安のメリットなど吹っ飛んでしまうであろう。現に一五%円安に振れたからといって、すぐに輸出企業の給与が一五%アップするわけではあるまい。

現状の円安は、アメリカのドル高政策へのシフトによってもたらされた部分が大きいわけであるから、アメリカのバブルが弾けるまでドル高円安傾向は続くだろうが、その後はバブル崩壊とともに円高となり、円高局面で享受できるメリット以上のアメリカ発の不況によるデメリットを被ることになる。

つまり、アメリカの景気が好調のときは円安で日用品の価格が高騰し、アメリカの景気が後退となればその影響で日本経済も打撃を受け、いずれの場合でも中間層や低所得者層は疲弊してしまう。

単に、中間層の生活に対する打撃としてのスクリューフレーションが顕在化しているということだけではなく、中間層の賃金が下落する一方で、生活必需品が膨大なペーパーマネーの供給の影響で高騰しているという側面がある。ある意味では、スクリューフレーションの深化は、通貨制度や資本主義の劣化そのものといえるのではなかろうか。

▼世界恐慌を生き延びるための力とは？

これまでの拙著のなかでは何度となく、「失われた二〇年」と言われ続けてきた間も日本経済はかなり上手くやってきたし、明るい材料がたくさんあったことを伝えてきた。たとえば財政破綻論に対して、ありえないと繰り返し申し上げてきたのは、先述の世界一の対外純資産があるからだ。ここでもう少し、この話を補足しておこう。

日本の財政がいよいよ逼迫してきたとなれば、まずはこうした海外へと貸し出している余剰資金が日本国内に戻ってくるはず、と考えるほうが自然である。自分の懐（自国全体）に余裕がなければ他人（他国）にお金を貸せないのは、個人でも国家でも同じである。仮に日本が財政破綻をするなら、当然のことながら、その前に海外へ貸しつけていたお金を返してもらうという行動をとるはずであるから、日本の資金に依存している債務国の経済のほうが先に立ちゆかなくなる。

対外純資産を見ると、日本はここ数年二五〇兆円前後のプラスで推移しているのに対し、アメリカはそれに相対するかのような金額のマイナスになっている。二〇一〇年時点でいえば、アメリカを筆頭にカナダ、イギリス、イタリア、フランスが海外からの借金で自国

図12　対外純資産

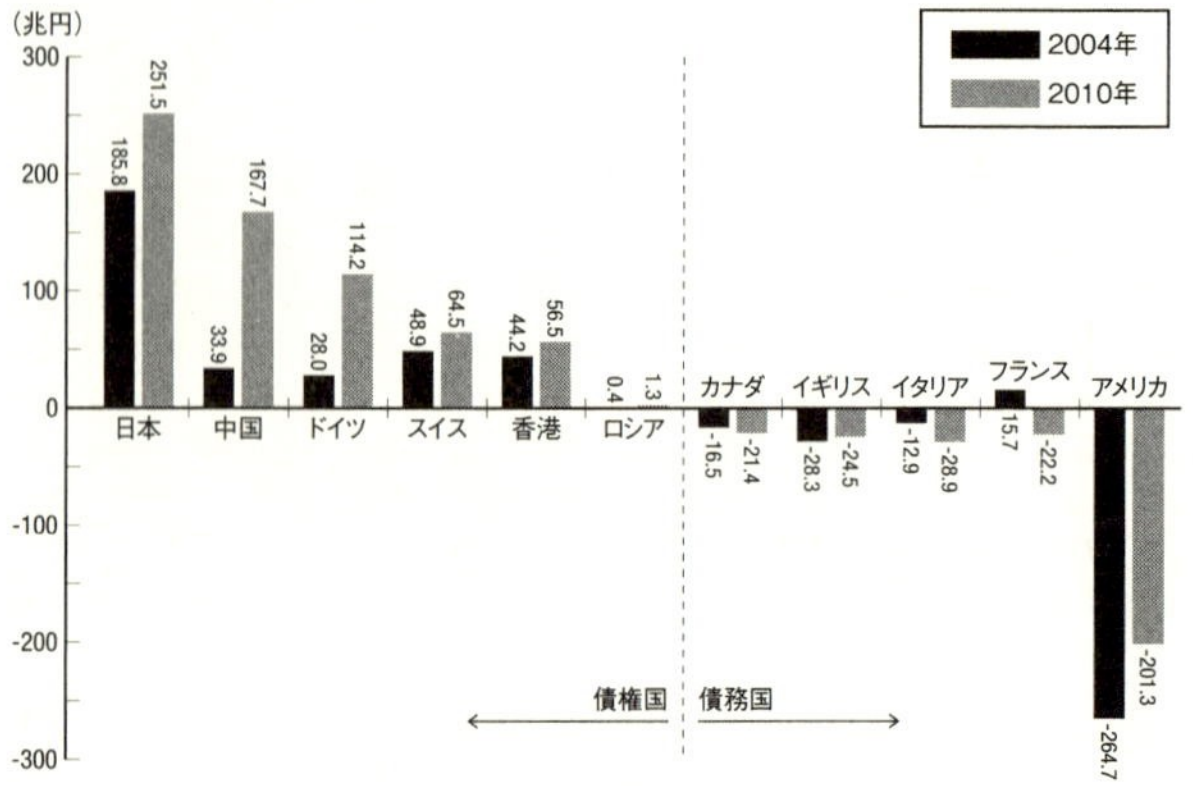

中国…2004年は2005年、2010年は2009年の数値から引用。

出典:財務省ホームページ

経済を賄っている債務国ということになる。一方、日本、中国、ドイツ、スイス、ロシアがプラスであり、資金を海外に貸している債権国となる（図12）。

こと「対外純資産」という指標から考えると、日本が世界最大の資金の貸し手として各国のファイナンスを担っている立場である以上、日本が各国に先駆けて破綻するというのは順番としてありえない。

「それでもこれだけ政府債務が巨額であれば、返せないのではないか」、あるいは「返さなくてもいいと思っているのか」といったご指摘を受けることもあるが、借りたお金をきちんと返すのは当然であるし、その信頼性は日本国政府がもっとも高いと国際金融市場では考えられているのである。

それを端的に示す証拠が、国際取引での指標とされる一〇年物の国債金利の水準である。金利が高いのには訳があり、金利が低いということはそれだけ安全と考えられている。日本の一〇年物国債の金利は二〇一三年三月二九日現在、〇・五六四%であり、*4 今やスイスを抜いて世界でもっとも低い。債券の発行を通じて政府が資金を調達するスキームが根本的に間違っているとして消滅でもしないかぎり、どこの国よりも確実にお金を返してくれるはずと日本が信頼されているのだ。どの国よりも低い金利がそのなによりの証拠である。

さらに日本政府の借金は自国通貨建てであり、そのほとんどが日本国民によって賄われている。二〇一二年末時点でその比率は九一%（速報値）であり、こうした自国内でお金の貸し借りが成立しているかぎりは、政府が自国民から借金をしているだけなので、国家全体が負担を背負うことにはならない。政府の負債は国民の資産である、というのは国際金融の現場でも経済学でも基本中の基本の考え方である。要するに家庭内でお金の貸し借りをしているだけなので、さほど深刻な状況ではないのだ。

これがたとえば、かつて通貨危機や金融危機に見舞われたスウェーデンやロシアのように、自国通貨建ての債券だけで財政を賄うことがままならず、外貨建ての債券までも発行して海外の投資家の資金に依存し、政府債務の四〇％、五〇％と借りているならば、話は一八〇度かわってくる。そうなれば国民が懸命に働き、それを他国の投資家へと返済しなければならない。こちらは政府の債務を国全体で背負った状態である。

したがって日本の現状を冷静に見つめれば、たとえ将来世界規模の信用収縮が起こっても、被害を最小限に食いとめる体力は残っているのである。

ところが、間違いなく資産は持っているにもかかわらず、そうした国力を十分に日本国内での経済活動に活かすことができず、国民の多くは現在の日本を豊かな国だと感じることができていない。むしろ「一生懸命働いているのに、生活はちっとも楽にならない」という人が多くいるのが実状だ。

「世界一のお金持ち」であるにもかかわらず、それを国民が実感できないというのは、誠に滑稽な話である。こんな矛盾した状況がまかりとおるのは、国民の感覚がおかしいのか、制度上のひずみがあるのか、いずれにせよ、どこかが不合理なのである。そろそろこうしたいびつさに国民が気づき、是正する必要があろう。

企業業績が今でも悪化の一途をたどり、日本国全体が困窮化しているのであれば話は別だが、日本国全体では裕福である以上、賃金が上がらない経済構造や、不平等な税制度、あるいは国富が流出するスキームがいつのまにかつくり上げられ、それを国民が知らず知らずのうちに、あるいは唯唯諾諾と受け入れてしまった結果がこの「失われた二〇年」といえよう。

だからこそ、雇用状況や賃金の改善がないかぎり、あるいは税制度の廃止や見直し、為替介入や金融緩和の本質に迫らないかぎり、日本でバブルが起きて目先の景気が浮揚しようとも、やがては中間層の衰退から経済は沈没していくことになるだろう。

それでは、雇用を立て直し、賃金を上げていくためには、具体的にどのような対策が考えられるのか。

まずは株主資本主義から脱却するために、政府主導で株主配当金の抑制策、あるいは正規雇用者を積極的に採用する企業に対する優遇策などを打ちだす必要があるだろう。

また雇用創出のためには、健全な公共事業も重要である。被災地の整備をする事業を民間業者に対して政府が発注すれば、政府から民間へと資金が流れることになる。

小泉内閣以来、「公共事業＝無駄使い」のイメージが浸透したために、そして実際に公共事業が手控えられたために、金融緩和をしても金融機関の当座預金に貯まるだけで、民間にお金が流れていくことはなかった。財政を拡張すると政府債務残高が増加するために、往々にして批判の対象となるが、公共投資も長期的な経済成長をもたらすような分野であれば、税収増が見込まれる。使った分の政府債務もやがては減ることになろう。ただし、どの分野に資本投下をするのかを見極める必要がある。そうでなければ、かつての公共投資同様に、結局政府債務を増やすだけという結果になりかねない。お金を使うのはよいとして、問題はなにに使うか、ということである。

たとえば、年金として配られたとしても、先行き不安で預貯金に回され金融機関に再度戻っていくだけ、あるいは日本は財政破綻をするからなどといって海外投資に手を出し、損をするだけということがこれまで随分とあった。

そもそも高齢化社会を迎えての社会保障費の急増が問題だというならば、医療費や社会保障費などの見直しをするべきであろう。たとえば、延命だけを重視した医療に対して、そして臓器移植を含む高度医療に対して、どれだけ社会保障費でカバーするのが適当なのか。医療が高度化するにつれて医療費がかさむ以上、その医療費と生命の尊厳とについて国民がオープンに話しあう必要がある。

そしてなんと言っても、日本経済のアキレス腱《けん》はエネルギーである。震災に遭遇した日本にとってとくに、ということになるが、エネルギー資源の確保は最重要課題だ。現実問題として、今後原発中心のエネルギー政策を展開することには無理がある。原発推進派は安全と言うが、それならば電力を大量に消費する東京湾岸や大阪湾岸などに原発をつくってみてほしい。それができないうちは安全が確保されたなどというのは幻想にすぎまい。

理想的には地熱、風力、太陽光、水流、潮力といった再生可能エネルギーの利用だが、いかんせん現状では再生可能エネルギーのみではとても日本全体の電力を賄い切れない。となれば化石燃料、とくに天然ガスの利用などが現実的だ。アメリカのシェールガス革命の片棒を担ぐようではあるが、アメリカとて国内経済を活況にさせるために天然ガスを売りたいという事情がある。アメリカのエネルギー戦略を見ながら機敏にわが国も対応することが求められよう。

天然ガスで時間を稼ぐ合間に、日本独自で供給可能な再生可能エネルギー開発も含めたエネルギー源の確保がベストシナリオであろう。そのためには天然ガスを効率的に使うシステムや、電力を溜《た》める蓄電池などの開発も必要となる。あるいはｉＰＳ細胞など世界の最先端をいく日本の技術や研究にも力を注ぐべきだろう。従来型の古い公共投資の分野だけに注力するのではなく、新しい分野へ積極的に政府が資金を投入することこそ、お金をバブルの原資となる金融市場にではなく、雇用を創出する実体経済に方向づけていくことにつながる。

▼中間層こそが経済の柱

今後心配されるグローバルなバブルの生成と崩壊、その後にやってくる史上最悪の恐慌の影響をできるかぎり避けるためには、雇用不安を払拭して中間層を復活させ、内需を強化していくほかに道はない。そして経済を回していくためのエネルギーや、自給自足も可能とするような食料を国内で確保する必要もあろう。中間層の没落が激しいアメリカとて、第二期オバマ政権の経済政策の最大のテーマは中間層の復活となっている。

消費税増税や輸出還付金、国の借金へと変貌してしまう巨額の為替介入やアメリカ経済の穴埋めをするだけの米国債購入などは、いずれも内需拡大とは正反対のものである。強者へ渡ろうとしている資金は、こんな時代だからこそ、日本国の増強のための支出へと振り替えられるべきだろう。

目先のバブル景気に浮かれるのではなく、おそらく二〇一六年ごろを契機として以降に訪れるであろう最悪の世界恐慌に備えて、内需ニッポンをつくり上げる。今がそのラストチャンスであり、それはわれわれ一人ひとりの考え方や選択にかかっている。

日本には最高の人的資源があり、国富も豊富にある。人材、資金を国内で有効利用することさえできれば、たとえ恐慌に遭遇してもなお繁栄し続けていけるような、理想的な国家になれる可能性は十分残されているのである。

註

第一章

1　「シャウプ使節団日本税制報告書」、通称「シャウプ勧告」は、GHQの要請によりカール・シャウプを中心に結成された使節団がまとめた、日本の税制についての報告書。戦後の日本の税制度のベースとなった勧告。シャウプ使節団の一員であったジェローム・コーエンは「勧告の目的は、日本にこれまで存在したものよりももっと効率的な、もっと科学的な、そしてとりわけもっと公平な税制度を提供する恒久的な改正を行うことにある」と指摘している。

2　「シャウプ勧告」の序文において、間接税によって必要な歳入が確保できるとしても、「それは納税者間の甚しい不公平を永続せしめ、（中略）分配に好ましからざる経済的影響をもたらすものである」とされている。

3　「シャウプ税制勧告の基本構想の大体については一応の賛意を表するに吝《やぶさか》でないが、（中略）日本の実情を最もよく知るわれわれが此際このような再検討を真剣に行うことは、シャウプ博士の偉業からそのクリームを真に摂取するために当然なすべき義務でさえあり、これが又シャウプ勧告に真に敬意を表する所以《ゆえん》であると信ずる」（経済同友会「シャウプ税制勧告実施についての要望――専ら法人に関する部面について――」〈昭和二四年一〇月二一日、大蔵省資料D〇〇〇―二一―七〉）。間接税廃止の税制改革の必要性を大いに認めるが、数値設定などの際は、個々の事情について日本経済の実情に通じている経済同友会の要望を組み入れてほしいという内容となっている。

4　取引高税とは、「シャウプ勧告」の発表される一年前に実施された。広い範囲の商品を対象とし、製造・卸売・小売の各取引段階における取引額に一％を課税する、間接税の一種である。付加価値税（消費税）と異なり、前段階での課税額が控除されないために税負担が累積していくという欠点を持つ。たとえばYシャツという商品を考えた場合、製造業者はシャツの原材料となる綿を綿花の生産者から購入する際、綿花の代金プラス取引高税を払うことになる。それを加工してYシャツにして卸売業者に卸せば、今度は卸売業者が製造者にシャツの代金とともに取引高税を支払う。さらに卸業者が小売店に商品を卸せば、小売業者は商品の代金プラス取引高税を払うという具合に、ひとつのYシャツという商品が流通する過程で、三度も税金が課されてしまう。

その一方で、自社で生産から販売まで一貫しておこなう企業は一度だけ取引高税を支払えばよい。三度支払う個別企業は取引高税を考慮した価格設定になるであろう。一度きりの一貫企業は価格設定でも俄然有利となる。こうした一貫企業だけがひたすら優遇される不公正税制であることを勧告が指摘した。

「シャウプ勧告」への要望としては、ほかにも、京都商工会議所からの、「織物消費税の一割引下げを可及的速かに実施すること」という要求も見受けられた（京都商工会議所「税制改正に関する意見書」昭和二四年一〇月一〇日、D〇〇〇―二一―七）。「酒税」に関しては嗜好品として引き上げが勧告された。密造酒の氾濫を危惧する声があがったが、それ以外の目立った反論はとくになかった。「物品税」はマイナーな見直し程度であり、勧告自体が十分でなかったため、財界からの要求も少なかったようである。

5 平成二四年一一月一五日に日本医師会が発表した「医療における控除対象外消費税問題の実態と日本医師会の考え方」を見ると、消費税の不公平を是正するため、税導入や引き上げの際に、診療報酬をトータルで一・五三%国が上乗せすることで妥協点を見いだしてきた。しかし、医療行為によって上乗せがされるものとされないものがあることから、患者間、保険者間、医療機関の間でも不公平が生じてきた。そして、そもそも消費税を診療報酬へ転嫁することは、医療機関によってコスト構造が異なることもあり、限界があるとしている。

6 海外では取引内容、取引金額、適用税率、税額などの法定事項が記載されたインボイス（納品書）を業者間でやりとりする。それぞれの事業者はこの書類にもとづいて、売上の付加価値税から仕入れの付加価値税を差し引いた金額を納める。これが「インボイス方式」であり、インボイスがなければ仕入れ業者は付加価値税の控除が受けられない。

このようなインボイス方式の税制であれば、たとえ輸出還付金が存在しても、その金額と下請け業者に支払った付加価値税が一致しているかを確認することができるため、お金の流れの透明性が高いとされている。しかし実態はといえば、たとえばフランスなどは、商品のひとつずつについて付加価値税を納めているわけではなく、ある一定期間の総売上の金額をベースにして、そこから同一期間の仕入れ額に入っている税額分を控除しているのだ。つまり、商品ごとの控除でないかぎり、日本の消費税同様、透明性は低い。

そんなはずはないという反論も予想できるが、商品の売買の現実を考えてみてほしい。

政府による統制経済で公定価格が設定されてでもいなければ、付加価値税や消費税は商品そのものの価格に埋没してしまうのが実態だ。小売店で買い物をした際に、買い手が値切れば消費税分などすぐに吹き飛んでしまう。だからといって、消費税を納める必要がなくなるわけではない。値切られて少なくなってしまった売上から、小売店などの事業者が負担して支払うことになる。そういう意味で、消費税というのは、じつは小売業者への直接税といった性質を併せもつ税制度といえるだろう。その点をアメリカも註9の公文書で指摘している。

7 菊池孝美「フランスの国際収支、1945－1951年」（「アルテス　リベラレス」〈岩手大学人文社会科学部紀要〉第七〇号、二〇〇二年）

8 "COMMISSION'S REACTION TO THE PETITION FOR COUNTERVAILING DUTIES ON US IMPORTS OF STEEL" 22 SEP 1975

9 "SUGGESTED STATEMENT ON DISC FOR JULY 30 GATT COUNCIL" 25 JUL 1973

10 外務省「わが外交の近況」（一九七七年版、上巻）

11 "GATT-MEETING OF GATT PANELS ON DISC AND RELATED TAX PRACTICES" 15 APR 1976

12 Staff Analysis of Certain Issues Raised by the General Agreement on Tariffs and Trade, 91st Congress, 2nd Session (December 19, 1970). United States Senate Committee on Finance. "The United States and ｛原文ママ、hadのタイプミス｝ a $10 billion trade surplus in 1947 which must have had an effect on our negotiators' attitudes.

But the failure to appreciate the consequences of excluding the so-called “indirect tax” rebates in 1960 from the general prohibition against export subsidies while including a specific prohibition against rebating “direct taxes”, was a major blunder. The United States by that time had run into serious balance of payments difficulties.”

13 LE FIGARO, “Certains pays européens mettent la TVA au régime”, 2008/11/28 http://www.lefigaro.fr/impots/2008/11/28/05003-20081128ARTFIG00417-certains-pays-europeens-mettent-la-tva-au-regime-.php

14 速水優『海図なき航海―変動相場制10年』（東洋経済新報社、一九八二年）

15 「立命館経営学」第四三巻第五号、二〇〇五年

16 富裕層の資産が拡大すれば、その恩恵が低所得者層にも水滴がしたたるように、およんでいくという考え方。

17 寺村泰「輸出振興政策」（『日本経済史　5　高度成長期』〈東京大学出版会、二〇一〇年〉コラム）

第二章

1 Senator John McCain Offers Amendment Expressing Opposition to the Value Added Tax (VAT) http://www.mccain.senate.gov/public/index.cfm?FuseAction=PressOffice.FloorStatements&ContentRecord_id=02f03faa-a00d-d61a-374b-28cdbb720847&Region_id=&Issue_id

2 “More than 50 Years of Trade Rule Discrimination on Taxation: How Trade with China Is

Affected" Trade Lawyers Advisory Group, August 2007

3 Proceedings of the Sixteenth Meeting, Held at the Palais des Nations, Geneva, on 28 June 1967, TN.64/W/17

4 現在、政府債務が一〇〇〇兆円もあるので財政破綻も視野に入れるべきという論調が跋扈している。しかし、大平政権のころは、日本の政府債務が一〇〇兆円を超えれば日本経済は破綻するといわれていた時代である。ところが一〇〇兆円を超えても、日本の財政は破綻したわけではなかった。政府債務の金額の大きさだけで財政破綻を語るのは、意味がないということを示しているよい例である。

　経済成長に合わせて、政府債務の額も大きくなるのは当然であり、これは収入が増えれば、それに見合って借入できる額が増えるのと似ている。政府の無駄使いをよしとしているわけではなく、政府支出は当然見直しをされる必要があるが、それを財政破綻論と一緒に語るべきではないということである。逆に一緒に語ることが、見直しをするべき支出の見落としへ、あるいはそのカモフラージュとして積極的に使われてしまうリスクがあるのだ。

5 朝日新聞「財界、新たな間接税へ傾斜　増税の容認へ転換」（一九八四年一二月二一日）

6 ただし、その背景に見え隠れするのは中曾根首相自身の意向というよりも、当時の自民党の大物議員である金丸信幹事長からの強い要望があったようだ。自民党首脳陣は中曾根首相の財政運営とは別に動いていた気配がある。

7 朝日新聞「『増税なし』を堅持せよ　行革国民会議が見解表明」（一九八四年一二月一三日）

8 菊池英博『日本を滅ぼす消費税増税』（講談社現代新書、二〇一二年）

9 「私は、このたび自由民主党総裁選挙への立候補を決意致しました。立候補のご挨拶《あいさつ》に先立ち、まず、心からのお詫《わ》びを申し上げます。

現在、我が国は再び厳しい経済状況の下にあります。これは、私が内閣総理大臣の地位にありました時に、日本経済の実態を十分に把握しないまま、国の財政の健全化を急ぐあまり、財政再建のタイミングを早まったことが原点にあることを、率直に認めます。現在の不況の中で倒産やリストラで職を失い、あるいは重い住宅ローンにあえいでおられる多くの国民の皆様がいることを承知しています。誠に申し訳ないと思っています」

10 白川方明「日本経済の競争力と成長力の強化に向けて」(日本経済団体連合会常任幹事会における講演、二〇一三年二月二八日)
http://www.boj.or.jp/announcements/press/koen_2013/data/ko130315a1.pdf

11 富岡幸雄「税金を払っていない大企業リスト」(「文藝春秋」二〇一二年五月号)

12 菊池英博『日本を滅ぼす消費税増税』(講談社現代新書、二〇一二年)

第三章

1 「シャウプ勧告」以来、直接税重視だった大蔵省のなかにおいて、税制に対してかなり柔軟な考えを持っていた細見卓《たかし》(元ニッセイ基礎研究所会長)が、関税局員時代にジュネーブで開かれたOECD会議に出席した際、アメリカと欧州の付加価値税についての一触即発の場面があったという。その際、アメリカ代表もこのようにコメントしている。岸宣仁『税の攻防』(文藝春秋、一九九八年)。

2 時価会計制度の導入がデフレ下の日本経済に影響をおよぼすことを指摘する文献には『不思議の国の会計学―アメリカと日本』（田中弘著・税務経理協会、二〇〇四年）、雇用へのインパクトについての文献には『金融危機の資本論―グローバリゼーション以降、世界はどうなるのか』（本山美彦・萱野稔人著、青土社、二〇〇八年）、固定費である人件費にしわ寄せがいきやすい点に言及する文献には『超マクロ展望　世界経済の真実』（水野和夫・萱野稔人著、集英社新書、二〇一〇年）などがある。

3 http://takuyoshi.sakura.ne.jp/index?plugin=attach&refer=論文&openfile=日米包括経済協議と金融ビッグバン.pdf

4 http://japan2.usembassy.gov/j/p/tpj-jp0260.html

5 "A Monetary History of the United States, 1867-1960" ミルトン・フリードマンと、全米経済研究所（NBER）のエコノミスト、アンナ・シュワルツの共著。

6 ジョン・ベリー「銀行むしばむ時価会計の逆レバレッジ効果」（二〇〇八年一〇月一三日付のブルームバーグのコラム）

「（フリードマンとシュワルツの）両氏は、銀行を閉鎖に追い込んだ『資本劣化の最も重大な理由』は、『銀行の保有資産、特に債券の市場価値が劣化したため』であり、『特定の融資や特定の債券でデフォルト（債務不履行）に陥ったため』ではないと記述した。

クリーブランド連銀のホスキンズ元総裁は『フリードマン、シュワルツ両氏は、金融パニックに陥ると、強制的な売却によって不良資産だけでなく優良資産の価値も低下してしまうことを訴えている』と語った」

http://www.bloomberg.co.jp/news/123-K8PNDT0UQVI901.html

7 たとえば親会社、子会社、孫会社とあって、親は子の、子は孫の株を持っているとしよう。このとき、孫会社の配当金は子会社が受け取り、子会社の配当金は親会社が受け取るわけだが、それぞれの配当金に税金を課してしまうと、親会社は二重三重に税金を徴収された状態となる。そこで二重課税を避けるという理由から、子会社などから受ける配当については益金不算入とし、全額課税対象外となるのである。個人投資家にはこうした措置は認められておらず、子会社、孫会社の親会社以外への配当には課税される。その一方で、親会社として保有する子会社、孫会社の株式配当は控除の対象となる。

第四章

1 「世界大百科事典」（平凡社）

2 高橋伸彰『ケインズはこう言った』（NHK出版新書、二〇一二年）

3 『労働組合運動とはなにか』（岩波書店、二〇一三年）のなかで、熊沢誠氏は争議損失日数をあげ、ストに参加した人数×ストの日数を指数化し、各国で比較している。日本を一とするとアメリカは一二三、イギリス五二、ドイツ一二となり、ストが活発な国ほど賃金は上昇しているというOECDのデータを裏づける内容となっている。

第五章

1 吉川元忠『マネー敗戦』（文春新書、一九九八年）

2　小藤康夫「生保の外債投資と株式売却」（『文研論集』〈生命保険文化研究所〉八九号、一九八九年）
3　山崎俊雄「わが国機関投資家の対外投資動向」『東京銀行月報』（一九九〇年三月）
4　吉川元忠・関岡英之『国富消尽』（PHP研究所、二〇〇六年）
5　野口悠紀雄「円キャリー取引とサブプライムのバブル」（東洋経済ONLINE「野口悠紀雄の『震災復興とグローバル経済〜〜日本の選択』」第10回）　http://toyokeizai.net/articles/-/4077

第六章

1　「米国経済が抱える長期課題『財政問題』」（『大和総研調査季報』二〇一二年秋季号vol.8）
2　ジョセフ・E・スティグリッツ『世界の99%を貧困にする経済』（楡井浩一・峯村利哉訳、徳間書店、二〇一二年）
3　本文における「物価」は、総務省統計局の発表している消費者物価指数を指す。
　同じく物価の基調を見るための指標として、指数の計算に用いるすべての商品（財・サービス）の価格をもとに算出された「総合指数」から、天候などに左右されて変動の大きい「生鮮食品」を除いた総合指数を、「コア」指数と呼ぶことがある。また、アメリカなど諸外国で重視されている指標と同様のものとして、「総合指数」から「食料（酒類を除く）及びエネルギー」を除いた総合指数を、「アメリカ型コア」指数、「コアコア」指数と呼ぶことがある。しかし、総務省では、これらが公表された指標または利用者において加工計算した指標に対する通称であり、正式な名称ではないとしている。
4　財務省「国債金利情報」　http://www.mof.go.jp/jgbs/reference/interest_rate/jgbcm.htm

参考文献

岸宣仁『税の攻防―大蔵官僚　四半世紀の戦争』（文藝春秋、一九九八年）
北野一『デフレの真犯人―脱ＲＯＥ〔株主資本利益率〕革命で甦る日本』（講談社、二〇一二年）
斎藤貴男・湖東京至『税が悪魔になるとき』（新日本出版社、二〇一二年）
関岡英之『拒否できない日本―アメリカの日本改造が進んでいる』（文春新書、二〇〇四年）
高田太久吉「日米包括経済協議と金融ビッグバン」
http://takuyoshi.sakura.ne.jp/index?plugin=attach&refer=論文&openfile=日米包括経済協議と金融ビッグバン.pdf
鄭子真「中曾根内閣と消費税―導入失敗の過程」（「国際公共政策研究」〈大阪大学大学院国際公共政策研究科〉第一四巻一号、二〇〇九年）
中野剛志『レジーム・チェンジ―恐慌を突破する逆転の発想』（ＮＨＫ出版新書、二〇一二年）
中野剛志『日本防衛論―グローバル・リスクと国民の選択』（角川ＳＳＣ新書、二〇一三年）

おわりに——知的武装のために

本書執筆中にも、株高円安が進行し、いよいよバブルの様相が日本経済に顕《あらわ》になってきた。しかし繰り返し申し上げてきたように、訪れつつあるバブルが中間層を底上げしてくれる保証は今のところ乏しい。むしろ、これまでどおり、国内外の一部の大企業、既得権益を享受する人や団体など、ごく限られた強者だけが、かりそめの景気回復の恩恵にあずかる結果になってしまうのではないか。

そうした懸念を『バブルの死角』というタイトルにこめたつもりである。

消費税に内蔵されている「輸出還付金」、株主資本主義を加速させる「時価会計」、アメリカの借金穴埋めとされた「ドル買い介入」——。本書で中心的にとり上げてきたルールのカラクリは「死角」の最たるものであり、そこで犠牲にされてしまうのが国民の雇用や所得なのだ。

同時に、一見、国内要因と思われた経済事象の背後には、ニクソン・ショック、プラザ合意、アメリカの金融帝国化など、戦後金融史を方向づける巨大な力学が働いている。それゆえ本書では、消費税、時価会計、ドル買い介入といった「点」を、国際金融の流れのなかでの一本の「線」として描きだすような記述を心がけた。

今回の執筆にあたって、とくに海外の税制度について大変示唆に富んだご指摘を頂戴《ちょうだい》した湖東京至先生には深く感謝を申し上げたい。先生のアドバイスを受けなければアメリカの公文書まで調べることまで考えがおよばなかったであろう。歴史的事実を踏まえることで、より客観的な、そして本来の消費税の姿を読者の皆様にお伝えすることができたのではなかろうか。

また、これまでの消費税反対の声とはまったく違った切り口で、消費税の存在意義そのものを世間に問う本書を執筆する機会を設けてくれた集英社新書編集部、そして担当の服部祐佳氏にも感謝を申し上げたい。

社会的弱者が強者に唯一対抗できる手段があるとすれば、知的武装をして意を同じくする者同士が協力していくしかない。国民一人ひとりの持つ良心や知的探究心、そして相互扶助の精神が、よりよい社会をつくりだし、バブルの死角をもなきものとする力を持ちあわせていると確信している。

岩本沙弓

二〇一三年四月

岩本沙弓（いわもと　さゆみ）

大阪経済大学経営学部客員教授・金融コンサルタント・経済評論家。一九九一年より日・米・加・豪の金融機関にてヴァイス・プレジデントとして外国為替、短期金融市場取引を中心にトレーディング業務に従事。青山学院大学大学院国際政治経済学科修士課程修了。金融機関専門誌「ユーロマネー」誌のアンケートで、為替予想部門の優秀ディーラーに選出。

バブルの死《し》角《かく》 日《に》本《ほん》人《じん》が損《そん》するカラクリ

集英社新書〇六九〇A

二〇一三年五月二二日　第一刷発行

著者……岩本《いわもと》沙弓《さゆみ》

発行者……加藤　潤

発行所……株式会社集英社

東京都千代田区一ツ橋二-五-一〇　郵便番号一〇一-八〇五〇

電話　〇三-三二三〇-六三九一（編集部）

〇三-三二三〇-六三九三（販売部）

〇三-三二三〇-六〇八〇（読者係）

装幀……原　研哉　組版……MOTHER

印刷所……大日本印刷株式会社　凸版印刷株式会社

製本所……加藤製本株式会社

定価はカバーに表示してあります。

© Iwamoto Sayumi 2013

ISBN 978-4-08-720690-6 C0233

Printed in Japan

造本には十分注意しておりますが、乱丁・落丁（本のページ順序の間違いや抜け落ち）の場合はお取り替え致します。購入された書店名を明記して小社読者係宛にお送り下さい。送料は小社負担でお取り替え致します。但し、古書店で購入したものについてはお取り替え出来ません。なお、本書の一部あるいは全部を無断で複写複製することは、法律で認められた場合を除き、著作権の侵害となります。また、業者など、読者本人以外による本書のデジタル化は、いかなる場合でも一切認められませんのでご注意下さい。

a pilot of wisdom

a pilot of wisdom

集英社新書　好評既刊

東海・東南海・南海 巨大連動地震
高嶋哲夫　0679-B

関東、東海、近畿、四国、九州に及ぶ被害対象地域での「最悪の事態」をリアルにシミュレーションする。

キュレーション 知と感性を揺さぶる力
長谷川祐子　0680-F

テーマ設定や作品の選択などで、鑑賞者の心揺さぶる体験を演出するキュレーター。その仕事の本質とは。

NARUTO名言集 絆―KIZUNA―天ノ巻〈ヴィジュアル版〉
岸本斉史　解説・伊藤 剛　028-V

一九九九年の連載開始以来、日本のみならず、世界中のファンを魅了しつづける人気漫画の名言を収録。

NARUTO名言集 絆―KIZUNA―地ノ巻〈ヴィジュアル版〉
岸本斉史　解説・フレデリック・トゥルモンド　029-V

下巻のテーマは「意志」「慈愛」「闇」「信頼」「戦意」。巻末に作者・岸本斉史のロングインタビューを収録。

老化は治せる
後藤 眞　0683-I

老化の原因は「炎症」だった！　治療可能となった「老化」のメカニズムを解説。現代人、必読の不老の医学。

千曲川ワインバレー 新しい農業への視点
玉村豊男　0684-B

就農希望者やワイナリー開設を夢見る人のためのプロジェクトの全容とは。日本の農業が抱える問題に迫る。

教養の力 東大駒場で学ぶこと
斎藤兆史　0685-B

膨大な量の情報から質のよいものを選び出す知的技術など、新時代が求める教養のあり方と修得法とは。

戦争の条件
藤原帰一　0686-A

尖閣諸島や竹島問題など、かつてない緊張の中でいかに判断すべきかをリアルに問う国際政治学入門書。

金融緩和の罠
藻谷浩介／河野龍太郎／小野善康／萱野稔人　0687-A

アベノミクスを危惧するエコノミストたちが徹底討論。そのリスクを見極め、真の日本経済再生の道を探る！

消されゆくチベット
渡辺一枝　0688-B

中国の圧制とグローバル経済に翻弄されるチベットで、いま何が起きているのか。独自のルートで詳細にルポ。

既刊情報の詳細は集英社新書のホームページへ
http://shinsho.shueisha.co.jp/